gutes leben
bene!

STEPHAN MARIA ALOF

Do legst di nieda!

Von Särgen,
Schnitzeln
und der Schockstarre
der Kirche

Für meine Eltern Maria und Rudolf Alof
und für Frida

INHALT

Vorwort 6
Prolog 8

 1 / Waldkapelle 16
 2 / Flächenbrand im Gehirn 25
 3 / Unheilig 34
 4 / Der Tod und die Liebe 43
 5 / Paradiesgarten 55
 6 / Schnitte, tief ins Fleisch 77
 7 / Bayerische Dreifaltigkeit 84
 8 / Es ist nicht alles Gold, was glänzt 98
 9 / 'S Maul halten 116
10 / Jessas! 132
11 / Do legst di nieda! 137
12 / Mit bloß blöd schau'n kimmst a ned voran ...148
13 / Wie du aus allem das Beste machen kannst ...158
14 / An allen anderen Tagen 164
15 / Särge statt Schnitzel 170

Epilog 183
Danksagung 187
Quellenhinweise 190

VORWORT

Corona hat auch ihm einen Strich durch die Rechnung gemacht. Am Weißen Sonntag des Jahres 2020, also mitten im ersten Lockdown der Corona-Pandemie, als öffentliche Gottesdienste, Versammlungen und gemeinsame Feiern nicht möglich waren, wollte mein Kirchenpfleger Stephan Alof auf 25 Jahre ehrenamtlichen Einsatz in unserer Pfarrei St. Maximilian zurückschauen. Die ganze Gemeinde rüstete sich bereits, um mit ihm dieses nicht selbstverständliche Jubiläum zu begehen. Ein sichtbarer Ausdruck und die konsequente Bestätigung dafür, dass hier ein unglaublich kreatives Wirken bei den Menschen angekommen ist. Ohne Schnörksel, immer verbunden mit unaufgeregtem Pathos und schonungsloser Ehrlichkeit, hat Stephan Alof in diesem Vierteljahrhundert katholische Kirche gestaltet, sicher ohne einmal selber daran gedacht zu haben, dass es eine Ära werden würde. Dass er als offen schwul lebender Mann derart aktiv die Arbeit in einer katholischen Gemeinde prägt und dies auf allen Ebenen – von der Kirchenverwaltung über den Pfarrgemeinderat, die Jugendarbeit und die Kirchenmusik, die Kunst und die Sozialarbeit –, das war sicher in den »Auftragsbüchern« der offiziellen Amtskirche nicht so vorgesehen. Trotzdem, es funktioniert, und wie! An dieser Stelle beginnt das, was wir dann gerne als wirksame Veränderung der Strukturen in der Kirche bezeichnen. Nur, wie gesagt, ich denke, es war nicht geplant. Da hatte einer einfach Lust, zu gestalten, zu formen, umzusetzen und vor allem Menschen positiv mit dem christlichen Glauben zu berühren. Und es klappt. Stephan Alofs starke, positive christlichen Wurzeln von Kindesbeinen an sind eine Schatztruhe und Kraftquelle zugleich, die scheinbar unerschöpflich sprudelt. Ich danke ihm dafür, vor allem aber für die stets aufrichtige und absolut ehrliche Zusammenarbeit. Und meiner Gemeinde gönne und wünsche ich sein Wirken hoffentlich noch sehr lange.

Rainer M. Schießler, Pfarrer

PROLOG

Zu den Klängen von *Chattanooga Choo Choo* wippen die Gäste im Takt. Die Jazz-Bigband verbreitet mit ihrer Musik beste Laune. In 59 Metern Höhe findet gerade auf dem Dach eines Hochhauses im Münchner Werksviertel eine Messe statt. Der Blick reicht von hier oben bis zur Frauenkirche und heute sogar bis zu den Alpen. Hinter uns ragt das Beton-Skelett eines Rohbaus empor, zu unseren Füßen liegt die Oststadt.

Eine Herde Schafe weidet neben uns auf den Rasenflächen des Daches, es riecht nach frischer Erde. Das goldene Kreuz am Altar ist mit einem Kranz bunter Blumen geschmückt, und über allem wölbt sich ein strahlend blauer Himmel. Der liebe Gott meint es gut mit uns. Mit weit ausgebreiteten Armen begrüßt unser Gemeindepfarrer Rainer Schießler alle, die gekommen sind. Und das sind ziemlich viele: Junge und Alte, sommerlich gekleidet, fröhlich und spürbar gespannt auf das, was kommt. Nahezu jeder Platz ist gefüllt.

Ich sitze direkt neben dem Altar, bin von all dem, was es heute früh noch vorzubereiten gab, etwas geschafft und denke gerade, dass es vermutlich besser gewesen wäre, mich vorher noch einmal mit Sonnenmilch einzucremen. Mein Blick schweift in die Runde. Irgendwie eine unwirkliche Szenerie: Eine große Tribüne und die Flächen ringsum bieten Raum für ein paar Hundert Leute. Aber hier oben gibt es auch eine Kräuter- und Blumenwiese, Hasen, Hühner, Walliser Schwarznasenschafe, sechs

Fotos: © Stefan Linde

Bienen- und zwei Ameisenvölker. Zwischen kleinen Holzhütten stehen Obstbäume, in Hochbeeten längs des Daches wachsen Zucchini, Möhren, Kohlrabi und anderes Gemüse. Über den Wildblumen tanzen die Bienen im Sonnenschein. Einst wurden hier Kartoffeln zu Knödeln verarbeitet – heute gibt es auf dem ehemaligen Pfanni-Gelände jede Menge Büros, Läden und kulturelle Angebote. Auf dem Dach von *Hoch 5,* wo wir gerade sind, lässt es sich richtig gut feiern. Mit seinen etwa 2500 Quadratmetern Fläche ist es so etwas wie das Herzstück des Viertels. Wenn man nach kurzer Fahrt mit dem Aufzug oben aussteigt, betritt man sozusagen die höchste Alm der Stadt.

In Bayern gibt's die Tradition der Bergmessen, die im Sommer überall gefeiert werden. Irgendwann kam mir der Gedanke: »Warum soll's denn so etwas nicht auch in München geben? Wir ha'm doch den Olympiaberg. Mach ma doch da 'ne Bergmesse.«

Rainer Schießler, dem ich davon erzählt habe, fand die Idee direkt großartig. Aber die Suche nach dem perfekten Ort war nicht einfach. Bei näherer Betrachtung ist der Olympiaberg mit seinen 55 Höhenmetern eigentlich zu klein, denn der Olympiatower gleich nebenan ist schon mehr als ein Drittel höher. Und das Uptown-Hochhaus in Schwabing mit seinen 38 Etagen ist sogar fast dreimal so hoch. Hochhäuser sind so etwas wie die Berge der Großstädte. Und eine Bergmesse im Schatten von Hochhausriesen zu feiern, das wäre alles andere als cool …

Spontan habe ich die Idee, mal bei *Hoch 5* anzurufen. Am anderen Ende der Leitung meldet sich ein Mitarbeiter der Event-Location. Ich komme direkt zur Sache: »Hallo, ich habe von euch gehört und würd' gern mal bei euch eine Bergmesse feiern.«

»Eine Messe? So mit Ständen und so?«

»Nee, eine heilige Messe – einen katholischen Gottesdienst.«

Verhaltenes Gekicher am anderen Ende der Leitung.

»Ja, wie nun? Habt ihr kein Interesse, so was mal gemeinsam zu machen?«

Klar: Mit Kirche hatten die Mitarbeiter der Hausverwaltung augenscheinlich bislang nicht sooo viel am Hut. Doch die Idee, jede Menge Menschen aufs Dach zu bringen, um dort einen Gottesdienst zu feiern, fanden sie dann doch irgendwie ziemlich abgefahren. Jedenfalls wurde ich eingeladen: »Komm doch einfach mal vorbei, dann sprechen wir.«

Es wurde ein richtig gutes Treffen. Letztlich haben wir die Location oben auf dem Dach einfach umsonst bekommen. Und jede Menge Spaß dazu.

Nach der Messe haben wir gemeinsam gegrillt, gegessen und getrunken; den ganzen Nachmittag beieinander gesessen und das Leben in vollen Zügen genossen. Der Orts- und Blickwechsel hat uns einfach gutgetan.

Kirche und Spaß, das scheint sich sonst öfters auszuschließen. Wo bitte wird denn in Gottesdiensten herzhaft gelacht und gefeiert? Wo darf man seine Launen und seine Kreativität ausleben, auch mal Farbe und frischen Wind in die alten Mauern bringen?

Statt bunt und lebensfroh wirkt manches, auf dem Kirche draufsteht, viel eher »steingrau, staubgrau, mausgrau, aschgrau …« wie es Loriot in seinem Film *Ödipussi* auf die Leinwand gebracht hat. Eine Szene, die ich plastisch vor Augen habe: Wohnungsausstatter Paul, gespielt von Loriot selbst, ist mit einer Psychologin zum Beratungsgespräch bei einem depressiv anmutenden Paar in dessen tristem Haus zu Gast. Alles ist grau – die Kleidung des Paares, die Möbel, die Wände. Eigentlich sollten demnächst auf Empfehlung der Psychologin, meisterhaft dargestellt von Evelyn Hamann, leuchtend farbige

Stoffe für den neuen Sofabezug zum Einsatz kommen – »damit sich manche anderen Probleme quasi von alleine lösen«. Doch als der Mann, wenig begeistert von dem Vorschlag, antwortet: »Wir waren mit Grau eigentlich ganz zufrieden«, packt Loriot seine umfangreiche Graukollektion aus: »28 Töne – in jeder Qualität: Bleigrau, Zementgrau, Betongrau, Asphaltgrau …«

Grau ist auch in klerikalen Kreisen weit verbreitet. Eine nahezu zeitlose Farbe, auf der man den Staub zum Glück nur wenig sieht. Das ist gut, denn angestaubt ist so einiges in dem Laden Kirche. Doch statt etwas dagegen zu tun, scheinen manche ergrauten Kirchenoberen angesichts massenhafter Kirchenaustritte in eine gewisse Schockstarre verfallen zu sein. Jedenfalls setzt man auch dort bis heute gerne auf das Bewährte, mit dem die Hausverantwortlichen ja seit Jahrzehnten und Jahrhunderten ganz zufrieden sind.

Und es wäre an der Zeit, dass Kirche sich endlich mal bewegt und aus der Komfortzone rauskommt.

Der Film ist aus. Schluss mit lustig. Ich sitze vor dem Fernseher und sehe mir die Abschlusspressekonferenz zum *Synodalen Weg* der katholischen Kirche im Herbst 2020 an. Zu lachen gibt es da nichts. Als der Vorsitzende der deutschen Bischofskonferenz, Georg Bätzing, von einem Journalisten mit der Frage konfrontiert wird, wie lange man angesichts der Kirchenkrise und vieler dramatischer Entwicklungen mit den anstehenden Reformen noch abwarten könne, antwortet er sinngemäß, dass man aus seiner Sicht auf einem recht guten Wege sei. Ich denke: Do legst di nieda! Nicht zu fassen, diese Ignoranz! Auch die Dinosaurier dachten, sie hätten noch Zeit.

Der Missbrauchsskandal hat viele Menschen und auch mich zutiefst erschüttert. Jahrzehntelang sind unter dem Dach der Kirche die schrecklichsten Dinge passiert. Als ob die Taten allein nicht schon schlimm genug gewesen wären – das Wegsehen und Vertuschen macht alles noch viel schlimmer. »Dass da mir bloß keiner 's Maul aufmacht«, scheint mancherorts in den oberen Etagen der Kirche die Devise zu sein. Wenn man fragt, hat keiner etwas gemerkt, gesehen oder gewusst. Und jetzt, wo manches ans Licht der Öffentlichkeit kommt, ist man plötzlich »betroffen« oder »entsetzt«. Kein Wunder bei der schrägen Sexualmoral meiner Kirche.

Peinlich, wenn dann rauskommt, dass der eine oder andere Bischof doch Kenntnisse von dem hatte, was da geschehen ist. Professor Dr. Hans Zollner, Präsident des Zentrums für Kinderschutz an der Päpstlichen Universität Gregoriana in Rom, hat das Verhalten der katholischen Kirche bei der Aufklärung von Missbrauchsfällen scharf kritisiert und spricht aus, was viele denken: dass Rücktritte der Verantwortlichen angebracht wären. Und das fängt ganz oben an: beim Papst, den Kardinälen und Bischöfen.

Aber dazu kommt es (noch) nicht. Stattdessen wird weiter ausgeharrt. Eine Art Schockstarre ist eingetreten. Die Kirche als moralische Instanz steckt mittendrin im Schlamassel. Und das mit der frohen Botschaft gerät ziemlich ins Hintertreffen.

Gleich bei der ersten Vollversammlung des *Synodalen Weges*, bei dem es um die Zukunft der katholischen Kirche in Deutschland gehen soll, verkündete Kardinal Woelki, dass ihm das Bild, wie die Teilnehmer des Treffens zum Gottesdienst in den Frankfurter Dom eingezogen sind, nicht gefallen habe. Aber nicht etwa, weil er sich gewünscht hätte, dass mehr Menschen gekommen wären. Nein! Sondern weil bei diesem Ereignis die Hierarchien verwischt wurden, da Kleriker und Laien gemeinsam in den Dom einzogen sind. Dass sich in solchen Situationen Kirchenobere unters Volk mischen, hat seiner Ansicht nach nichts damit zu tun, wie katholische Kirche zu sein hat. Jessas!

Was würde Jesus dazu sagen? Ich glaube, er würde entweder laut lachen, weil er das, was da angeblich in seinem Namen geschieht, für einen Scherz hält. Oder er würde zornig dazwischengehen, so wie damals im Tempel, als er die Tische der Händler umgestoßen hat. Jesus hatte mit Hierarchie und Ordnung grundsätzlich nicht viel am Hut. Mit den von vielen verachteten Zöllnern, mit Huren und Bettlern hat er das Gespräch gesucht, mit ihnen gegessen und alle, wirklich alle eingeladen, sich ihm anzuschließen. Im Matthäusevangelium heißt es an einer Stelle, in der der Gottessohn mit Johannes dem Täufer verglichen wird, über Jesus: »Siehe, was ist dieser Mensch für ein Fresser und Weinsäufer, ein Freund der Zöllner und Sünder«! Seine Jünger waren Handwerker und Fischer. Als Jesus sie ansprach, haben diese Menschen alles stehen und liegen lassen und sind ihm gefolgt. Vermutlich auch deshalb, weil er keine Spur von Standesdünkel zeigte. Es wäre ja auch anders gegangen. So nach dem Motto: »Hier komme ich, der mächtige Sohn Gottes – und ihr da unten habt kein Recht, gemeinsam mit mir an einem Tisch zu sitzen.« Aber so war er nicht – im Gegenteil. Bei Jesus waren alle willkommen. Was er sagte, meinte er auch so. Da gab es kein frommes Geschwurbel, sondern es galt: »einfach machen«. Das gefällt mir.

Christlicher Glaube hat überhaupt viele wunderbare Facetten: Ich habe es selbst mehrfach ausprobiert und erfahren, wie glücklich die Menschen sind, wenn man sie mit offenen Armen empfängt. So halten wir es auch in Sankt Maximilian, unserer Kirche in München. Liebevoll nenne ich diesen wunderbaren Ort am Isarufer Sankt Max. Aber das Wichtigste ist nicht der Name, sondern die Botschaft: Hier ist echt jeder willkommen.

Am Anfang haben manche im Pfarrgemeinderat große Augen bekommen, wenn ich beispielsweise vorgeschlagen habe, das Gemeindefest vom ordentlich abgegrenzten Pfarrgarten

14

(»Hier sind wir immer schön unter uns …«) auf die Deutinger-straße zu verlegen und alle Bewohner des Glockenbachviertels einzuladen. Und wenn ich alle sage, dann meine ich auch wirklich alle: Atheisten und Muslime, treue Kirchgänger, die Geschäftsleute, Schwule und Lesben. Jede und jeden.

Das Leben ist viel zu kurz, um sich mit Kleingeisterei und Abgrenzung das Dasein schwer zu machen. Und immer wieder ist es einfach umwerfend zu sehen, wo es hinführt, wenn wir einmal alle Ordnung sein lassen und anfangen, das Leben hier und jetzt mit beiden Händen zu ergreifen. Das wäre einfach cool!

Stephan Maria Alof

1 / WALDKAPELLE

»Ich taufe dich im Namen des Vaters, des Sohnes und des Heiligen Geistes.« Mein Freund Sebastian kniet andächtig auf dem Waldboden, während ich die Segensworte spreche. Mit der linken Hand gieße ich aus einem Becher etwas Wasser auf seine Haare und zeichne mit der rechten Hand über ihm ein Kreuz in die Luft. Susanne, die neben ihm sitzt, hat ebenfalls die Hände gefaltet; Martin, der Vierte im Bunde, kaut wie so oft gedankenverloren an einem Zipfel seines rechten Pulloverärmels.

Aus Ästen, die wir gegen einen umgestürzten Baumstamm lehnen, und einigen alten Brettern, die uns mein Vater aus seiner Schreinerwerkstatt mitgebracht hat, ist eine kleine Kapelle entstanden. Vater hat gestern den ganzen Nachmittag geholfen und es hat ihm sichtlich Spaß gemacht, mitzuerleben, wie wir gemeinsam das Werk vollendet haben. Ein moosbewachsener Baumstumpf ist der Altar, dahinter steckt ein einfaches Kreuz aus Birkenholz im Boden. Inzwischen kann ich den Kreuzbund mit Kordel schon alleine binden.

Irgendwo in der Nähe schlägt ein Specht mit lautem Tocktock-tock seinen Schnabel gegen einen Baum. Mücken schwirren zwischen den Bäumen umher. Der Waldboden duftet nach Frühling. Voller Freude haben wir Kinder uns vor einigen Tagen das erste Mal nach der Winterpause wieder zusammen auf den Weg in den Wald gemacht. Hier zu sein, das bedeutet Freiheit.

Vom Haus meiner Eltern ist es nicht weit bis in den Wald und fast jeden Nachmittag ziehen wir mit ein oder zwei Dutzend Kindern gemeinsam los, um draußen zu spielen. Erst wenn es dämmert, geht es nach Hause. Die Hände voller Schrammen und Harz, die Hose und die Schuhe voller Laub und feuchter Erde. Ich bin ein richtiger »Saubär«, deshalb hat mir meine Mutter schon vor einiger Zeit von unserer Schneiderin eine robuste, schwarze Latzlederhose nähen lassen. Die trage ich seitdem nahezu jeden Tag.

Aus Tannenreisig errichten wir ein Indianerlager, von dem aus wir die »Wildnis« erkunden. Die reicht bis an den Hang hinter dem kleinen Bach. Für uns ein riesiges Gebiet. Auf allen vieren schleichen wir über die Waldlichtung, suchen Deckung hinter dicken Baumstämmen, kundschaften aus, wo sich die Feinde, weiße Siedler, versteckt haben und wie wir ihnen vielleicht den Weg abschneiden können. Ohne Erlaubnis transportieren sie gerade eine große Ladung Gold, das sie am Klondike gefunden haben, mitten durch unser Gebiet! Da bleibt ein Konflikt nicht aus – genau so, wie wir es in den Westernfilmen gesehen haben, die im Fernsehen laufen. Drei Programme gibt es: ARD, ZDF und das Dritte, in dem viele Regionalsender ein Nachmittags- und Abendprogramm senden. Wenn ich mich ordentlich benommen habe, darf ich mit meinen Geschwistern und Papa im dritten Programm um 18 Uhr eine Folge *Bonanza* sehen. Das ist jedes Mal ein Highlight.

Mit Stöcken tragen Indianer und Siedler kleine Kämpfe aus, aber bevor es nach Hause geht, schließen wir Frieden und begraben das Kriegsbeil. Meistens kommen wir dazu an der Waldkapelle zusammen. Einem Ort, an dem aus Feinden wieder Freunde werden.

Auch richtige kleine Messen feiern wir in unserer Kapelle. Mit Weihrauch, Kelch und allem Drum und Dran. Ja, okay, der

Kelch ist weiß und aus Kunststoff statt aus Gold, wie der in unserer Kirche St. Barbara. Aber es geht ja auch darum, an etwas zu glauben!

Mein Vater hat in alte Konservendosen, in denen vorher geschälte und halbierte Birnen eingelegt waren, wie das verblichene Etikett zeigt, mit dem rot-weißen Milchdosenaufstecher einige Löcher gemacht. In den Dosen kokelt nun zur »Messe« ein wenig Tannenharz – das riecht mit etwas Vorstellungsvermögen wie Weihrauch. Ich musste meiner Mutter versprechen, dass wir das mit dem brennenden Harz nur draußen und nur in der Dose machen. Denn ich bin erst acht – aber mein Berufswunsch steht bereits fest: Ich werde später einmal Priester.

*

Katholisch zu sein, das ist bei uns ganz selbstverständlich. Die meisten Einwohner von Dermbach sind katholisch getauft und besuchen wie wir die Filialgemeinde St. Barbara. Mein Heimatort liegt im Hellertal, im Landkreis Altenkirchen, an der Grenze zwischen Westerwald und Siegerland. Meine Eltern und auch deren Eltern sind hier groß geworden. Im Ort sagt man: »Et es nien su schön, wie en Dermisch!« 1965 baut mein Vater ein Haus, in dem ich ein Jahr später zu Welt komme. Meine beiden Geschwister Andreas und Claudia sind einige Jahre älter – eben die Großen.

In unserer Straße wohnen viele junge Familien mit jeder Menge Kindern, mit denen es sich wunderbar spielen lässt. Nachmittags dürfen wir uns ab und zu an einem der Küchenfenster ein Wurstbrot oder ein Stück Kuchen abholen, dann geht's wieder rein in den Wald.

Meine Oma Agatha, die Mutter meiner Mutter, ist eine sehr fromme Frau. Öfters übernachte ich am Wochenende bei ihr und habe das Gefühl, dass ich dort am besten schlafe. Abends, bevor es ins Bett geht, betet Oma gemeinsam mit mir. Meistens sagt sie dann zum Schluss: »Das Ave Maria, das wir jetzt beten, das ist wichtig, um irgendwann in Frieden zu sterben. Du wirst sehen, ich hab bestimmt mal 'ne gute Todesstunde. Mein Leben lang bete ich dafür.« Dass Oma sterben könnte, will ich gar nicht hören. Aber es ist tröstlich zu wissen, dass man auf jeden Fall beim lieben Gott gut aufgehoben ist, egal, was passiert. Die Begeisterung meiner Oma für den Glauben und das tiefe Vertrauen, das sie hat, färben ab. Immer wieder erzählt sie mir Geschichten von Jesus. Mit meinen acht Jahren bringe ich in krakeliger Schrift erste kleine Predigten zu Papier, die ich anschließend voller Inbrunst vortrage. Einmal kommt sogar meine Schulklasse mit unserer Lehrerin, Ulrike Baumann, zur Messe an die Waldkapelle. Das finde ich richtig stark! Die Glaubensgeschichten, die ich mir gemerkt habe, will ich weitergeben. Und alle, wirklich alle, sind sich einig, dass mein Berufswunsch – Priester – eines Tages wahr werden wird.

*

Einmal ist unsere ganze Familie in Köln, zum Einkaufen und Bummeln. Ich bleibe staunend an einem Schaufenster stehen, natürlich ein Spielzeugladen. Wahnsinn, was es da alles zu sehen gibt. Aber als ich aufschaue, sind alle weg: Mama, Papa, die Tante und meine zwei Geschwister. Was nun? So schnell ich kann, laufe ich die Straße entlang, in der Richtung, in die sie wahrscheinlich gegangen sind. Aber nirgendwo kann ich meine Familie entdecken. So ein Mist!

Auch meine Eltern sind in großer Aufregung. Der Kleine ist weg. Und das in einer riesigen Stadt wie Köln. Meine Mutter ist den Tränen nahe und kurz davor, die Polizei zu rufen, um eine Vermisstenmeldung aufzugeben. Aber dann atmet sie noch einmal tief durch und fragt sich: »Wo würde unser Stephan vermutlich als Erstes hingehen, wenn er ganz allein ist und Hilfe braucht?« Meine Tante, die auch mit dabei ist, sagt: »Stephan geht doch immer gerne in die Kirche.«

Am Ende findet mich meine Familie tatsächlich im Kölner Dom, wo ich, erschöpft von der ganzen Aufregung, auf einer Kirchenbank schlafe.

Der große, dunkle Dom fasziniert mich bis heute, wie überhaupt alle Kirchen und Kapellen. Die riesigen farbigen Fenster, die Gerüche, die Bilder und Ornamente, das mächtige Kreuz über dem Altar.

*

Kurz vor meiner Erstkommunion gehe ich das erste Mal zur Beichte. In der Sakristei von St. Barbara sitze ich dem Pfarrer aufgeregt gegenüber. Von meiner Mama habe ich mir aufschreiben lassen, was ich sagen könnte – denn eigentlich weiß ich gar nicht so recht, was ich überhaupt beichten soll. Als ich den Text meiner Mutter vom Zettel ablese, muss unserer Gemeindepfarrer erst einmal lachen. Und ich gleich mit. Dann fragt er mich: »Was könnte denn da noch so sein, was nicht so gut ist in deinem Leben?«

Schonungslos ehrlich erzähle ich ihm, was in letzter Zeit alles schiefgelaufen ist: Wie ich beim Spielen dem Anton im Eifer des Gefechts mit dem Stock richtig heftig auf die Hand geschlagen habe und er danach heulend nach Hause gerannt ist. Dass ich mir heimlich eine Tafel Schokolade aus der Vorratskammer meiner Mutter stibitzt und nun Angst habe, dass dies jemandem auffällt. Und dass ich die Lehrerin angeschwindelt habe, um zu erklären, warum ich die Mathe-Hausaufgabe auch dieses Mal leider nicht machen konnte. Alles ganz üble Sünden … Deshalb bin ich auch ziemlich erleichtert, als der Priester – nachdem ich meine Vergehen vorgebracht und mit dem Satz »Ich bereue das!« geendet habe – zu mir sagt: »Ich spreche dich frei von all deinen Sünden.« Uff.

Nach der Absolution macht der Pfarrer über mir das Kreuzzeichen, und wir beten gemeinsam das Vaterunser. Danach stürze ich aus der Sakristei, hüpfe die drei kleinen Stufen vor der Kirche hinunter und mache vor Freude und Erleichterung erst einmal einen Luftsprung.

*

Mein Onkel Hans, der als Goldschmied arbeitet und auch für unsere Kirche St. Barbara den Kelch, die Hostienschalen, das Kreuz und den Tabernakel gefertigt hat, schenkt mir zu meiner Erstkommunion ein sehr schönes Buch mit dem Titel *Sie bauten eine Kathedrale.* Darin kann man sehen, wie im Mittelalter riesige Kirchen errichtet wurden: das Hauen der Steine, die hölzernen Kräne, mit denen man das Baumaterial bewegt, die Gerüste, auf denen jede Menge Arbeiter umherklettern. Wie ein Dachstuhl gebaut wird, steht darin, und wie viele Menschen es braucht, damit der Bau, nach vielen Jahren intensiver Arbeit, vollendet werden kann. Die Zeichnungen sehe ich mir wieder und wieder an und liebe es, mir vorzustellen, welche Aufgabe ich übernehmen würde, wenn ich dabei helfen dürfte, eine riesige Kathedrale zu bauen.

Natürlich werde ich Messdiener in unserer Kirche in Dermbach. Jeden Sonntag ziehe ich mit Freude das festlich weiße

Gewand an, schwenke das Weihrauchfass oder läute bei der Eucharistiefeier die Glöckchen. Als Oberministrant darf ich später bei den großen kirchlichen Festen, wie zum Beispiel Fronleichnam, helfen, den Altar zu schmücken. Das ist eine besondere Ehre und genau mein Ding. Mit Begeisterung bin ich bei der Sache und leite als Älterer auch die anderen Messdiener im Gottesdienst an. Mehr und mehr übernehme ich Verantwortung in der Gemeinde und bringe mich an verschiedenen Stellen ein. Die Kirche ist mein Ein und Alles. Als ich 17 Jahre alt bin, schlage ich unserem Kaplan Karl-Heinz Schommer vor, eine Wallfahrt in die Zisterzienserabtei Marienstatt zu organisieren. Die Idee fällt auf fruchtbaren Boden und ich übernehme die Vorbereitung. Schon über 100 Jahre hat es eine solche Wallfahrt nicht mehr gegeben. Vermutlich auch, weil es ein wirklich weiter Weg bis nach Marienstatt ist – 28 Kilometer läuft man von unserer Kirche in Herdorf bis zur Abtei. Mit knapp 40 Leuten pilgern wir eines Morgens früh um drei Uhr in der Dunkelheit los, um rechtzeitig zum Gottesdienst zu kommen.

Im Zisterzienserkloster Marienstatt bin ich gerne. Die Abtei im Nistertal wurde vor über 800 Jahren gegründet und strahlt eine unglaubliche Ruhe aus. In der frühgotischen Basilika erklingt die bedeutendste Orgel des Westerwaldes. Mehrmals am Tag kommen dort die Mönche zum Gottesdienst zusammen. Die Spiritualität der Zisterzienser fasziniert mich, und ich schätze es sehr, mit einem der älteren Pater, zu dem ich großes Vertrauen habe, über alles, was mich gerade umtreibt, zu sprechen. In den Schulferien verbringe ich zwei Wochen im Kloster, arbeite im Garten mit und gehe dreimal am Tag zu den Gebetszeiten. An einem Tag zelebriert der Priester mit mir die heilige Messe an einem Seitenaltar der Basilika und ich darf ihm als Messdiener assistieren. Während der Wandlungsworte läute ich die Glocke und lausche, wie die Töne im Raum verklingen, bis es ganz still ist. Es ist ein ganz besonderer Moment, in dem ich spüre, dass ich Teil von etwas Großem sein darf. Das alles, die ganze Atmosphäre, sauge ich tief bewegt in mich auf: die Kraft alter durchbeteter Kirchen und Klöster; das Urvertrauen des Glaubens.

Abends sitze ich mit den Brüdern auf der von der Sonne noch warmen Klostermauer und wir sprechen über Gott und die Welt. Ich liebe es, in den großzügig angelegten Klostergärten umherzustreifen. Der Wald, überhaupt die Natur, das ist für mich so etwas wie die Kathedrale Gottes.

Bei uns zu Hause im Hellertal bin ich das ganze Jahr draußen unterwegs. Jede Jahreszeit hat ihre eigene Faszination: An kalten Wintertagen ist die Luft ebenso rein wie der Schnee, in dem ich mit meinen Schuhen eine tiefe Spur hinterlasse. Die Nister schlängelt sich sanft durch die Wiesen, Eiskristalle glitzern an den Bäumen und Gräsern am Rande des Flusses. Im Mai duftet der Wald würzig nach Tannenharz und die wärmenden Sonnenstrahlen tauchen alles in ein milchiges Licht. Es gibt so viel zu entdecken! Die Ameisenstraße am Waldboden, den kleinen Käfer, der auf einem Grashalm balanciert, und das Rudel Rehe, das aufgeschreckt davonstürmt, wenn sich meine Schritte nähern. An heißen Sommertagen flirrt die Hitze auf der Lichtung, während ich im Gras liege und die Vögel am Himmel betrachte. Im Herbst riecht es im Wald modrig nach feuchtem Laub und nassem Moos, und ich sammle abgestorbene Wurzelstöcke, die ich daheim im Heizungskeller trockne, um sie später auszuhöhlen und daraus Adventsgestecke zu fertigen. Mit grünem Tannenreisig, Moos und Tannenzapfen geschmückt, sehen sie richtig gut aus.

Wenn ich von meinen Streifzügen nach Hause komme, ist immer jemand da. Meine Mutter kümmert sich liebevoll um uns Kinder. Vater ist tagsüber in der Schreinerwerkstatt oder auf Montage bei Kunden, kommt aber mittags meist zum Essen heim. Auch er hat eine besondere Beziehung zur Natur. Wenn er mit der flachen Hand über ein neues Brett streicht, spürt man die Wertschätzung, die er dem gewachsenen Holz und dessen Schönheit entgegenbringt. Jedes Mal, wenn wir gemeinsam durch Wald und Feld streifen, erklärt er mir etwas über Pflanzen, Bäume und Tiere. Die Geheimnisse der Natur. Gerade im Detail steckt unglaublich viel Schönheit, das bringt mir mein Vater nahe.

Meine Oma wird 78 Jahre alt. Eines Morgens bekommen wir einen Anruf und erfahren, dass sie tot im Bett liegt, mit ihrem geliebten Rosenkranz in der Hand. Ihr innigster Wunsch nach einer guten Todesstunde ist, wie es scheint, in Erfüllung gegangen.

2 / FLÄCHENBRAND IM GEHIRN

Gelblich braune Blätter wehen durch die Luft und über den Bürgersteig. Der Herbst ist da.

Mit zwei Freunden stromere ich am frühen Abend auf einer Baustelle bei uns im Ort herum. Wir balancieren auf einem Stapel Bauholz und bestaunen anschließend gemeinsam den gelben Bagger und seine riesige Schaufel mit den breiten Zinken, als mir auf einmal ganz komisch wird. Das Gelb der Baggerschaufel und der schwarze Kies strudeln ineinander, alles dreht sich, ich taumele zur Seite und bin dann total weg. Als ich wieder zu mir komme, sehe ich über mir eine Neonröhre, und zwei besorgte Gesichter beugen sich über mich. Ich bin im Krankenhaus. Max und Paul, meine beiden Freunde, berichten später, dass ich plötzlich einfach umgefallen bin und eine Weile nicht ansprechbar war.

Der Stationsarzt in der Notaufnahme ist ratlos. Vielleicht habe ich zu viel herumgetobt, vorher zu wenig getrunken und hatte deshalb einen Kreislaufzusammenbruch?

Wer denkt bei einem zehnjährigen Jungen, einem absoluten Wildfang, der bislang höchstens einmal einen Schnupfen und die üblichen Kinderkrankheiten hatte, direkt an etwas Ernstes? Bald darf ich wieder nach Hause.

An Weihnachten sind wir bei meiner Großtante zu Besuch. Sie ist Hebamme von Beruf und hat mich vor vielen Jahren – das hat sie mir schon ein paarmal erzählt – bei uns im Haus zur

Welt gebracht. Wie immer, wenn wir alle zu einer Familienfeier zusammenkommen, geht es hoch her. Gemeinsam sitzen wir am Wohnzimmertisch und genießen das leckere Essen. Es gibt Braten, Kartoffelklöße und Rotkohl. Der Weihnachtsbaum steht mit reichlich Lametta und bunten Kugeln geschmückt in einer Ecke des Raumes, darunter die ausgepackten Geschenke. Die Bescherung war toll.

Aber mir geht es nicht gut. Seit gerade eben habe ich das Gefühl, die Stimmen der anderen werden immer lauter. Wenn jemand etwas sagt, dröhnt es so sehr in meinem Kopf, dass es schmerzt. Mir wird übel, ich stehe auf, laufe durch den Flur in Richtung Toilette und habe plötzlich den Gedanken, dass es gut wäre, in den Garten zu gehen, um frische Luft zu schnappen. Auf der Wiese vor der Tür steht ein kleiner Tannenbaum, um den eine Lichterkette gewunden ist. Von jeder Kerze geht ein helles Strahlen aus. Die Lichter und Linien kreuzen sich und verschwimmen dann zu einem einzigen Brei. »Lieber Gott, bitte mach, dass das weggeht«, stammele ich. Aber obwohl ich die anderen hier draußen eigentlich gar nicht mehr hören kann, toben sich ihre Stimmen in meinem Kopf weiterhin aus – und das in einer unerträglichen Lautstärke. Dann wird es dunkel. Von dem, was danach geschieht, weiß ich später nichts mehr.

Meine Mama, die mir hinterhergelaufen ist, findet mich auf dem Gehweg vor dem Haus. Ich bin wohl noch eine Treppenstufe hinuntergestolpert und dann auf die Steinplatten geschlagen. Auch dieses Mal werde ich erst im Krankenhaus wieder wach. Und ich merke: Jetzt wird es ernst.

Der Arzt schaut sehr besorgt. Dann spricht er das Wort aus, das meine Eltern und mich fortan stark beschäftigen wird: Epilepsie. Plötzliche Anfälle, die oftmals mit Halluzinationen, Sprachstörungen und Bewusstlosigkeit einhergehen. Eine üble Krankheit, die mir Angst macht.

Im Januar feiern wir den Geburtstag meiner Mutter und sitzen mit der Verwandtschaft bei Kaffee und Kuchen, als es wieder losgeht. Ich merke, wie mir übel wird, stürze nach draußen und falle meinem Bruder, der gerade von der Arbeit heimkommt, in die Arme. Mehrmals bin ich in den nächsten Wochen und Monaten im Krankenhaus in Siegen, muss viele Medikamente nehmen und hoffe, dass es mir bald wieder besser geht und die schrecklichen Anfälle aufhören. Denn durch sie ist nichts mehr, wie es vorher war.

Ich soll möglichst wenig herumtoben, mich nicht aufregen und darauf achten, dass ich nicht alleine unterwegs bin – damit mir sofort jemand helfen kann, wenn mich die nächste Attacke ereilt. Irgendwie habe ich stets Angst, dass es jeden Moment wieder so weit ist. Dass mir schwindelig wird und alles von vorne beginnt. Aber ich habe Glück: Es bleibt bei den drei heftigen Anfällen. Andere Kinder in meinem Alter, die die gleiche Krankheit haben, müssen einen Helm tragen, damit sie sich nicht verletzen, weil sie regelmäßig und völlig unvermittelt zusammenbrechen. Meine Zimmernachbarin im Krankenhaus, ein kleines Mädchen, etwa so alt wie ich, stirbt bei einem epileptischen Anfall. Ich kann es zunächst gar nicht glauben, als es heißt, dass sie nicht wiederkommt. »Die Ärzte konnten ihr leider nicht mehr helfen«, sagt mein Vater. Und ich denke: »Wie kann der liebe Gott so etwas Schlimmes zulassen!?«

Epilepsie ist eine Krankheit mit vielen Gesichtern. Keiner weiß, wie es sich bei mir weiterentwickeln wird. Regelmäßig muss ich zu Untersuchungen. Einmal bekomme ich dabei einen interessanten Helm aufgesetzt, an dem jede Menge Kabel hängen. Die Dinger im Helm, die mit einer kalten Paste bestrichen werden, heißen Elektroden, erklärt mir die Krankenschwester. Während ich eine Lampe mit einem flackernden Licht betrachte, soll ich die Augen öffnen und schließen und gleichzeitig be-

27

wusst ein- und ausatmen. Das Ganze nennt sich EEG und dauert ziemlich lange. Nach der Untersuchung muss ich noch ein wenig liegen bleiben, dann bringt mich die Krankenschwester zum Arztzimmer.

Meine Eltern, die die ganze Zeit über mit dabei waren, wollen mit ins Zimmer, aber der Arzt bittet sie, einen Moment draußen zu warten, weil er kurz allein mit mir sprechen will. »Oh«, denke ich, »jetzt sagt der Doktor mir bestimmt etwas Schlimmes. Wieso will er nicht, dass Mama und Papa dabei sind? Das wäre mir lieber!«

An der Wand hängt ein Computerausdruck, auf dem viele Wellen zu sehen sind. »Das sind deine Gehirnströme«, sagt Dr. Heye, der Oberarzt der Kinderklinik, und erklärt mir kurz, was die Linien auf dem Ausdruck zu bedeuten haben. Aber viel wichtiger ist es ihm, mir anschließend all die anderen Bilder zu zeigen, die in seinem Zimmer an den Wänden hängen. »Weißt du, wer das ist?«, fragt Dr. Heye und deutet mit der Hand auf eines der Bilder. Ich kenne den Mann nicht, aber ich kann das kleine Schildchen lesen, das direkt unter seinem Porträt angebracht ist. Dort steht in Großbuchstaben LEONARDO DA VINCI.

»Das war ein italienischer Maler, Bildhauer, Forscher und Architekt«, sagt Dr. Heye. »Und der Mann rechts neben da Vinci ist Michaelangelo, ebenfalls ein bedeutender Künstler. Friedrich Georg Händel – auch er litt an Epilepsie – schuf großartige Musik. Sir Isaac Newton, das ist der Nächste in der Reihe, war Naturwissenschaftler und Philosoph. Was er entdeckte, wurde Grundlage für so ziemlich alle großen Erfindungen der Neuzeit. Unter anderem hat er über das Licht geforscht. Aber er war auch ein begnadeter Mathematiker und Theologe.«

Den Mann auf dem nächsten Bild kenne ich! »Das ist der Apostel Paulus …«, sage ich dem Doktor, noch bevor er mich fragen kann, »… sein Bild hängt bei uns in der Kirche.«

Der Arzt schaut mich eindringlich an und sagt: »Weißt du, was diese Menschen gemeinsam haben, die du hier siehst? Sie alle hatten Epilepsie. Und trotzdem haben sie Großartiges vollbracht. Stephan, du bist nicht allein mit deiner Krankheit – und vor allem nicht weniger wert als andere. Einen epileptischen Anfall zu bekommen ist schlimm. Die Krankheit wird dich vielleicht an manchem hindern. Aber du kannst trotzdem viel erreichen. Lass dir bloß von niemandem einreden, dass dies nicht möglich ist. Egal, was deine Klassenkameraden, deine Lehrer oder deine Eltern sagen. Ich bin mir sicher, du wirst in deinem Leben jede Menge bewegen, wenn du daran glaubst und darauf vertraust, dass du es kannst.«

Dieses Gespräch hat mich gerettet. Von da an sage ich mir immer wieder: »Jetzt erst recht. Ich pack das.« Rückblickend betrachtet, hat mir der Arzt an diesem Tag mein Selbstvertrauen, ja, vielleicht sogar mein Leben zurückgegeben.

Auch wenn mir das Gespräch in der Klinik richtig gutgetan hat, sind die nächsten Jahre alles andere als einfach. Man traut mir wenig zu – und in der Folge glaube ich irgendwann auch selbst nicht mehr an mich. Ich muss wegen meiner Krankheit viele Medikamente nehmen, die verhindern sollen, dass ich weitere epileptische Anfälle bekomme. Die Nebenwirkungen sind heftig: Schwindel, Kreislaufprobleme, Konzentrationsschwierigkeiten und Mattheit. Oft fühle ich mich schwach, so schwach, dass ich zu fast nichts Lust habe. Eine Weile lang besuche ich kaum die Schule, entsprechend schlecht fallen die Zeugnisse aus. Aus meinem Plan, aufs Gymnasium zu gehen, um später Theologie zu studieren und Priester zu werden, wird jedenfalls nichts. Nicht einmal in der Realschule kann ich leistungsmäßig mithalten und wechsle deshalb auf die Hauptschule.

Mit 15 verliebe ich mich in ein hübsches Mädchen aus meinem Heimatort. Sie ist 14 und Messdienerin in unserer Kirchengemeinde. Der erste Kuss ist aufregend, das Miteinanderschmusen einfach nur schön. Ein paar Wochen gehen wir zusammen, trennen uns dann aber recht schnell wieder. Denn ich spüre intuitiv, dass ich mich eigentlich eher zu Jungs hingezogen fühle. Einordnen kann ich dieses Gefühl jedoch nicht und ich sage erst einmal niemandem etwas über meine Empfindungen. Schwulsein – darüber wird bei uns daheim nicht gesprochen. Und in der Schule werden höchstens Witze über das Thema gerissen.

Doch dann ereignet sich etwas, was mein Leben total verändert. Nach einem Fußballspiel mit der Jugendmannschaft nimmt uns der Schiedsrichter im Anschluss mit nach Hause. Es wird viel getrunken, und irgendwann wird mir klar, dass der Mann mehr von mir will, als nur den Arm um meine Schulter zu legen. Die anderen sind längst gegangen, aber ich bleibe noch. Wenig später liegen wir zusammen auf seinem Bett und ich mache mit 17 meine ersten sexuellen Erfahrungen.

Als ich am nächsten Morgen sein Haus verlasse, denke ich: »Ach du Scheiße, was hast du denn da gemacht?« Trotzdem bin ich derjenige, der zwei Tage später erneut bei ihm auf der Matte steht. Doch es bleibt eine kurze Affäre, über die ich geflissentlich die Klappe halte. Immer wieder frage ich mich, was eigentlich mit mir los ist. Ist es normal, Männer zu mögen?

Eine Weile bin ich mit einem Mädchen zusammen, das unglaublich auf mich steht. Nachdem ich mir Mut angetrunken habe, gestehe ich ihr beim Tanz in den Mai, dass ich glaube, dass ich schwul bin. Das versteht sie überhaupt nicht und versucht alles, um mich davon zu überzeugen, dass das Quatsch ist und wir zusammengehören.

Mein eigentliches Coming-out habe ich ein paar Monate später bei uns zu Hause auf der Terrasse. Inzwischen bin ich mir sicher, was ich möchte und was nicht. Ich fasse mir ein Herz und sage: »Mama, ich muss mit dir reden – ich glaube, ich bin homosexuell.« Das Wort schwul nehme ich ihr gegenüber nicht in den Mund, das traue ich mich nicht. Mama schaut mich lange an und sagt dann: »Deshalb bist du für mich immer noch min Jung.« Das zu hören, tut einfach gut.

Mein Vater hat mit mir nie über mein Schwulsein gesprochen, mir aber zu erkennen gegeben, dass er akzeptiert, was ich für richtig halte. Als ich eines Tages ankündige, dass ich mit meinem Freund verreisen möchte, fragt er interessiert: »Wo wollt ihr denn hin?« Das war seine Art, mir zu zeigen, dass er mich versteht und meine Neigung akzeptiert.

*

In der Schule bleibt es schwierig, weil mich die Medikamente, die ich wegen der Epilepsie nehmen muss, total ausbremsen. Mit Ach und Krach bestehe ich meinen Hauptschulabschluss in Herdorf. Anschließend stellt sich die Frage: »Was nun?«

In den Ferien bin ich oft in Trier, bei meinem Onkel, dem Goldschmied. Außerdem jobbe ich in einer Bäckerei und danach bei einem Bürobedarfshersteller in Neuenkirchen, um ein wenig Geld zu verdienen. Es läuft recht gut, man ist mit meinen Leistungen zufrieden, und meine Eltern wollen mich überzeugen, dort zu bleiben. Aber ich will nicht in der Fabrik am Fließband stehen und Mülleimer aus Metall- und Kunststoffteilen zusammenschrauben – das ist einfach nicht mein Ding. Stattdessen mache ich erst einmal ein Berufsvorbereitungsjahr. Da ich wegen meiner Erkrankung ausgemustert werde, muss ich nicht zur Bundeswehr. Ab August fahre ich mit dem Fahrrad oder dem Bus nach Wissen an der Sieg, wo ich eine Ausbildung zum Alten- und Familienpfleger beginne. Manchmal trampe ich auch die knapp 25 Kilometer bis zum Berufsbildungszentrum.

Ein Teil der Ausbildung findet im Blockunterricht statt, dann bin ich wochenweise in Wissen. Zum Glück gibt es im Altenheim ein paar Zimmer, in denen die Zivildienstleistenden und Auszubildenden für wenig Geld unterkommen können. Diese Möglichkeit nutze ich gerne. Es gefällt mir, eine eigene Bude zu haben. Denn nach all dem Hin und Her und den Schwierigkeiten in der Schule ist es mir ganz, ganz wichtig, jetzt mein Ding zu machen.

Nebenbei organisiere ich für die Senioren im Altenheim Wallfahrten nach Marienstatt. Und auch sonst habe ich nach wie vor viel mit Kirche zu tun. Dass ich mich dann aber in einen Priesteranwärter verliebe, macht die Sache zuweilen kompliziert. Michael lerne ich in Köln kennen.

Ich schlendere auf dem Weg vom Dom in Richtung St. Aposteln fröhlich vor mich hin, als mir ein Typ entgegenkommt. Unsere Blicke kreuzen sich einen Moment länger als notwendig … Mein Gegenüber geht langsam weiter, ich drehe mich um und blicke ihm nach. Dabei sehe ich, dass auch er sich noch einmal umdreht. Später sitzt der junge Mann bei der Vorabendmesse in St. Aposteln neben mir. Das kann kein Zufall sein …

Michael und ich treffen uns in den nächsten Wochen mehrfach in Köln, wo er ein Freisemester verbringt. Eigentlich lebt er in Regensburg, wo er katholische Theologie studiert. Als er nach Süddeutschland zurückgeht, besuche ich ihn auch dort einige Male. Zusammen gehen wir an der Donau spazieren und machen Ausflüge in die Umgebung. Wir sind total verliebt – aber müssen aufpassen, dass uns niemand sieht, wenn wir uns innig umarmen.

Die Beziehung hat auf Dauer keine Chance, das spüren wir beide. Michael will unbedingt Priester werden, und da sind Beziehung – und vor allem Homosexualität – tabu. Deshalb trennen wir uns schweren Herzens. Ich beende meine Ausbildung und ziehe wenige Wochen nach der Abschlussprüfung nach München. Michael macht in der Kirche Karriere.

In München werde ich als Pfleger arbeiten. Gleichzeitig beschäftigt mich noch immer der Kindheitswunsch, Priester zu werden. Ich weiß: Das wär's! Das ist es, was ich eigentlich gerne tun würde mit meinem Leben. Doch nach meinen Erfahrungen mit Michael muss ich mir eingestehen: Meine Sexualität leugnen, das könnte ich nicht.

3 / UNHEILIG

Es ist früher Nachmittag. Das Taxi durchquert den Westen von Manhattan in Richtung Chelsea und biegt dann in eine Nebenstraße ab. Wir halten neben einem mehrstöckigen Haus, vor dem einige Männer herumlungern. Mein Begleiter Klaus ist ganz in Schwarz gekleidet und trägt einen auffallend breitkrempigen Hut, obwohl es eigentlich gar keinen Grund dafür gibt. Weder Sonne noch Regen machen es notwendig, eine Kopfbedeckung zu tragen.

Heute früh sind wir in New York gelandet. Statt uns erst mal auszuruhen, als wir im Hotel ankamen, sind wir gleich wieder aufgebrochen. Mein Begleiter hatte es eilig, »auf die Piste zu gehen«, wie er es lapidar formulierte. Mir war eher nach Schlafen zumute – der Atlantikflug und der damit verbundene Jetlag haben mir zugesetzt. Die Adresse, zu der uns der Taxifahrer gebracht hat, ist eine ziemlich schäbige Absteige. Hier trifft sich die Schwulenszene der Stadt, um Party zu machen. Wir stehen vor einer Kombination aus Sex-Kino, Shop, Club und Darkroom. Die grellbunte Leuchtreklame über dem Eingang des umgebauten Lagerhauses zeigt einen Typen in Lack und Leder – und die Pose ist ziemlich eindeutig.

Kennengelernt habe ich Klaus bei meiner Arbeit als Palliativpfleger für Aidskranke. Er ist katholischer Priester – und schwul. Der Trip nach New York ist, so sagte er es mir vor dem

Abflug in München, seine letzte Reise. Klaus ist todkrank. Er hat Aids im Endstadium. Er weiß selbst, dass er eigentlich auf eine Palliativstation oder in ein Hospiz gehört. Also hat er mich gebeten, ihn als Pfleger zu begleiten, damit die Reise überhaupt möglich ist. Augenzwinkernd verabschiedet sich Klaus von mir, denn ich gehe ich nicht mit ihm da rein. Das haben wir vorher schon geklärt. Also warte ich draußen auf ihn. Geschlagene zwei Stunden stehe ich mir die Beine in den Bauch, drehe einige Runden um den Block und treffe dann meinen Reisegefährten wieder. Die Frage »Wie war's?« verkneife ich mir. Klaus sieht nicht allzu glücklich aus. Ohnehin ist die ganze Aktion total verrückt. Allein, so weit zu fliegen ist in seinem Zustand keine gute Idee. Aber weil es sein großer Traum ist, hier noch einmal aufzuschlagen, will ich dem nicht im Wege stehen.

»Und wo geht's jetzt hin?«, will ich von Klaus wissen und erwarte, dass er einen weiteren Club nennt. Aber das nächste Ziel ist die St. Patrick's Cathedral, die zwischen der 50. und der 51. Straße an der Fifth Avenue in Manhattan liegt, direkt gegenüber dem Rockefeller Center. In der im neugotischen Stil erbauten Kathedrale – angeblich die größte in den Vereinigten Staaten – residiert der katholische Erzbischof von New York. Klaus will an diesem ehrwürdigen Ort gemeinsam mit mir die Abendmesse besuchen. Wir müssen uns beeilen, der Gottesdienst beginnt schon in einer halben Stunde. Ich winke ein Taxi herbei und los geht's.

*

Über seinen bevorstehenden Tod haben wir auf unserer Reise gar nicht gesprochen. Klaus schien den Gedanken daran komplett auszublenden. Acht Wochen später stehe ich an seinem

Grab auf dem Südfriedhof in München. Ein Weihbischof hält im Rahmen eines feierlichen Requiems die Traueransprache und betont dabei, was für ein frommer Mensch gerade von uns gegangen ist. In etwa sagt er: »Hier liegt ein aufrechter Mann begraben, ein treuer Diener der Kirche, der stets für die Werte des katholischen Glaubens eingetreten ist …« Eine würdige Ansprache für einen ehrenwerten Priesterkollegen. Aber irgendwie auch ziemlich grotesk, denn das klerikale Idealbild und die Realität klaffen weit auseinander.

In der Münchner Schwulenszene sah man Klaus des Öfteren. Seit zwei Jahren litt er an der heimtückischen Immunkrankheit Aids. Ich betreute ihn regelmäßig, seitdem ich gemeinsam mit meiner Freundin Frida eine mobile Aids-Hilfe gegründet habe.

Über die Krankheit weiß man zu diesem Zeitpunkt noch wenig. Nur dass der HIV-Virus die körpereigenen Abwehrkräfte, das Immunsystem, schwächt und irgendwann außer Gefecht setzt. Der Körper kann eindringende Krankheitserreger wie Bakterien, Pilze oder Viren nicht mehr bekämpfen und wird zunehmend schwächer. Viele Aidskranke sterben an schweren Lungenentzündungen. Ein wirksames Medikament gegen Aids gibt es nicht. Man kann nur gegen die Symptome der Krankheiten angehen, die infolge des geschwächten Immunsystems auftreten. Die Lebenstage sind gezählt, wenn die Diagnose feststeht. Übertragen wird das HIV-Virus vor allem beim ungeschützten Sex oder durch verunreinigte Nadeln beim Drogenkonsum. In der Münchner Schwulenszene kursiert die Krankheit und fordert viele, viele Opfer.

Offiziell ist Klaus an Krebs gestorben. Aber einige auf der Trauerfeier scheinen zu wissen, dass dies nicht stimmt. Das merke ich an kleinen Bemerkungen und vielsagenden Blicken, mit denen beim anschließenden Leichenschmaus, einem Stück

Blechkuchen und einer Tasse Kaffee, über seine »besondere Art« gesprochen wird. Ob der eine oder andere auch seine sexuellen Neigungen erahnt?

Die Würdigung durch den Weihbischof und all die salbungsvollen Worte klingen nach und haben für mich einen mehr als komischen Beigeschmack. Denn offiziell ist »gelebte Homosexualität« in der katholischen Kirche eine Sünde, und die in der Traueransprache vielfach betonte Treue hat Klaus mit Blick auf sein priesterliches Gelöbnis – soweit ich das sehe – zumindest in den letzten Jahren nicht gelebt.

Meine Erfahrungen mit Michael und Klaus zeigen: Wenn es um das Thema Homosexualität und Kirche geht, ist Reden Silber und Schweigen Gold. Wer wie ich offen über sein Schwulsein spricht, ist endgültig raus aus dem Spiel. Nix mehr mit Priester werden. Keine Chance auf ein geistliches Amt oder wenigstens eine Würdigung des eigenen Lebensweges von offizieller Seite. Wer dies trotzdem möchte, für den gilt: bloß schön die Klappe halten. Lächeln, Schweigen und den eigenen Neigungen im Geheimen nachgehen. »Pssst. Keiner darf es wissen.«

Das hätte ich natürlich auch so handhaben können, um meinen Lebenstraum – Priester zu werden – verwirklichen zu können. Hätte, hätte, Fahrradkette. Aber 's Maul halten ist einfach nicht meine Sache. Und die verlogene Doppelmoral in manchen heiligen Hallen kotzt mich einfach nur an.

*

An die erste Begegnung mit Klaus erinnere ich mich, als wäre es gestern gewesen: Frida hatte mir augenzwinkernd gesagt: »Da hat sich ein Mann gemeldet, der ist Priester – den musst du betreuen …« Am nächsten Tag stehe ich vor seiner Haustür und klingele, gespannt auf das, was mich erwartet. Ein Mann mit Klerikerkragen öffnet und bittet mich herein. Drinnen ist alles sehr schick: ein gediegenes Pfarrhaus, dicke Teppiche, Echtholzmöbel, edle Deckenleuchten. Im Wohnzimmer, wo wir wenig später am Tisch sitzen, füllt ein riesiges Bücherregal mit Bänden über Kirchengeschichte, Kunst und Theologie eine ganze Wand. Bildbände mit Werken von Michelangelo, Raffael, Rubens – die alten Meister. Prachtvolle Bibelausgaben und Bücher von Romano Guardini, Karl Rahner, Henry Nouwen oder Dietrich Bonhoeffer reihen sich aneinander. Ich staune nicht schlecht, während ich im Wohnzimmer auf Klaus warte, der in der Küche verschwunden ist, um einen Tee für uns aufzusetzen. Hier im Wohnzimmer führt Klaus, wie er mir später erzählt, zuweilen auch Seelsorgegespräche. Heute ist es umgekehrt: Er ist es, der mir sein Herz ausschüttet. Ich höre erst einmal einfach nur zu und erfahre von seiner großen Angst: dass eine Verschlimmerung der Symptome dazu führen könnte, dass Menschen in seinem Umfeld mitbekommen könnten, was er so treibt. Wir sprechen offen über den normalen Krankheitsverlauf und die anstehende, dringend notwendige Infusionstherapie, die helfen soll, seine Beschwerden zu lindern. Als ich ihm beiläufig erzähle, dass ich mich nicht nur mit dem klassischen Verlauf von Aidserkrankungen sondern auch recht gut in der hiesigen Schwulenszene auskenne, weil ich selbst dazugehöre, ist dies ein Türöffner, um intensiver in das Thema einzusteigen.

Von Treffen zu Treffen erlaubt mir Klaus einen tieferen Blick hinter die Fassade, die er nach außen jahrelang so sorgsam aufgebaut hat. Während er auf seinem Bett liegt und die Infusion durchläuft, sprechen wir über theologische Fragen und das Leben in all seinen Facetten. Die Geschichten, die Klaus erzählt, drehen sich oft um Glaubensfragen, über die wir uns intensiv austauschen. Aber er gibt auch einige absolut versaute Geschichten aus der Szene zum Besten, in der er nach Feierabend unterwegs ist.

Klaus schätzt mich als Pfleger und Gesprächspartner und er verliebt sich vielleicht auch ein wenig in mich. Als es zu Hause nicht mehr geht, besuche ich ihn in der Klinik, wo er seine letzten Lebenstage verbringt. Eines Tages eröffnet er mir seinen letzten Wunsch: dass ich mit ihm auf seine Kosten nach New York fliegen soll. Er hat darauf gespart und will es noch einmal richtig krachen lassen. Ich bin ob dieses Vorhabens zunächst ziemlich perplex und wende ein, dass das schwierig wird: »Du darfst als Aidskranker in deinem Zustand gar nicht nach Amerika einreisen, noch dazu mit den ganzen Medikamenten.« Zu dieser Zeit hänge ich ihm pro Tag mehrere Infusionen an. Und es ist klar: Für eine mehrtägige Reise würden wir einen ganzen Koffer voll mit Medikamenten brauchen. Aber Klaus will unbedingt reisen, koste es, was es wolle. »Wir machen das jetzt!«, sagt er entschlossen und lässt wenig Raum für weitere Diskussionen.

*

Über Sexualität wird im Priesterseminar kaum geredet. Priester, die ihre Homosexualität bemerken, werden zum Psychologen geschickt – der im Zweifelsfall attestiert, dass sein Klient nicht homosexuell ist. Denn was nicht sein darf, das gibt es auch nicht.

Kirche und Homosexualität – das ist ein Thema, bei dem vertuscht, geheuchelt und gelogen wird, dass sich die Balken biegen. Und manches wird einfach ausgeblendet.

Als 22-Jähriger war ich ein paarmal in einem Kloster zu Gast. Architektonisch schön, Barock vom Feinsten, mit prachtvollen

Engelsfiguren an den Wänden. Aber mir ist direkt aufgefallen, dass irgendetwas mit dem Schuppen nicht stimmt. Es begann damit, dass mir geraten wurde, dass ich dort besser nicht in kurzer Hose herumlaufen solle. Warum habe ich erst verstanden, nachdem mir klar wurde, was da alles so nebenbei im Kloster lief. Nachts hat es mehrmals an meine Zimmertür im Gastflügel geklopft. Ich habe mich schlafend gestellt …

Später erfahre ich, dass einer der ersten Aidstoten im Freistaat Bayern angeblich ein Mönch aus diesem Kloster war. Natürlich ist der Name des Klosters bekannt – aber: Psssst! Genau, darüber spricht man nicht.

Eine derartige Doppelmoral findet sich leider an vielen Stellen in der Kirche: Wasser predigen, Wein trinken. Außen hui, und innen … Da soll man als Kirche eigentlich für die Armen und Schwachen eintreten, über die Jesus in der berühmten Bergpredigt spricht – aber in der Realität ist man himmelweit davon entfernt, sich herabzulassen und dorthin zu schauen, wo sich das Elend in unserer Gesellschaft abspielt. Vor lauter »Würde« geraten diejenigen aus dem Blick, um die es eigentlich gehen sollte. Wenn ich mir den Fuhrpark der deutschen Bischofskonferenz anschaue – all die BMW-Limousinen, die fetten Mercedes-Karossen und die schicken Audis mit den abgetönten Scheiben –, dann ist das für mich ein deutliches Zeichen, wie weit es mit der Kirche gekommen ist. Wie sehr sich die Kirche von der Gemeinschaft entfernt hat, die der Zimmermann Jesus aus Nazareth im Sinn hatte, als er mit seinen ersten Anhängern loszog, von Tag zu Tag lebte und am Ende auf einem Esel nach Jerusalem ritt. Jesus, der den Entrechteten beistand und mit seiner Botschaft der Liebe die Welt auf den Kopf stellte. Seine Reden sind revolutionär: Alle Macht den Liebenden! Denen, die auf ihr Recht verzichten. Wenn du etwas besitzt, dann teile mit denen, die es brauchen. Und was ist daraus geworden?

Jessas, was hat sich die Organisation nicht alles an Prunk und Ornat angeschafft?! Das fängt mit einem breiten goldenen Brustkreuz für den Bischof an und geht weiter mit dem gewaltigen Siegelring. Dazu der vergoldete Stab, die Mitra, die ganzen prachtvollen Gewänder für drunter und für drüber, mit aufwendigen Stickereien, Spitzenbesatz und edlem Zwirn. Vieles dreht sich um Glanz, Ruhm, Ehre und letztlich um Macht.

Und was gibt es in der Kirche nicht alles für schicke Posten: Kardinal, Bischof, Monsignore, Offizial und Prälat. Allerdings fehlt inzwischen die Auswahl an Personal, weil die wenigen Männer, die jedes Jahr in Deutschland zum Priester geweiht werden, nicht einmal ansatzweise ausreichen, um die Lücken bei der Besetzung zu schließen.

Letztlich ist vieles von dem, was offiziell »Zeichen des Glaubens« genannt wird, für mich bloß eine Verkleidung, eine Art Spielzeug für eine herrschende Klerikerschaft. Der ehemalige Limburger Bischof Franz-Peter Tebartz-van Elst, der vor einigen Jahren weltweit für Schlagzeilen sorgte und hierzulande dank Stefan Raab als der »Bling-Bling-Bischof« bekannt wurde, hat es in Sachen Prunk auf die Spitze getrieben. Ich sehe Stefan Raab noch mit jeder Menge goldener Plastikketten um den Hals rufen: »Give me more Bling-Bling …« Lustig und schlimm zugleich. Denn wenn dieses Bild mit Blick auf die Kirche hängen bleibt, dann gute Nacht.

Gibt man bei Google die Begriffe »Bischof« und »Verschwendung« ein, kommt der Name des Kirchenoberen, der einst seinen Sitz ganz oben auf dem Domberg über der Lahn hatte, gleich mehrfach auf der Trefferliste. Die Schlagzeile »Erste Klasse in die Slums«, mit der das Magazin SPIEGEL eine Geschichte über den Bischof überschrieb, war nur der Auftakt für eine Reihe von Ungeheuerlichkeiten. Gemeinsam mit seinem Generalvikar hatte der kirchliche Würdenträger damals ein

Waisenhaus in Indien besucht – und sich dafür an Bord des Fliegers schicke Plätze gegönnt. Dass er dies anschließend vehement abstritt und stattdessen Lügengeschichten erzählte, hat das Ansehen der Kirche auf Jahre hin beschädigt. Traurig, aber wahr. Natürlich prägt so etwas das Bild, das Menschen sich von Kirche machen. Kein Wunder, dass immer mehr sonntags zu Hause bleiben. Ich kann diese Menschen gut verstehen.

Wenn vieles, was zum Himmel stinkt, auch noch im Namen des Herrn geschieht, könnt ich kotzen. Wie kam ich darauf? Ach ja, das Requiem für Klaus …

4 / DER TOD UND DIE LIEBE

Pedro war eine schillernde Persönlichkeit. Als Enkel der portugiesischen Königin Maria I. wurde er in Lissabon geboren. Seine Familie musste vor den Truppen Napoleons nach Brasilien fliehen, das seit dem 16. Jahrhundert zu Portugal gehörte. Da war Pedro gerade neun Jahre alt. Am liebsten spielte er mit den Kindern der Bediensteten. Die feine Gesellschaft am Hofe verachtete er wegen ihres eitlen Gehabes, von dem er sich abgrenzen wollte. Er war ein Rebell, aber er konnte sich nur bedingt von den Zwängen seiner Zeit befreien. 1816 wurde sein Vater König von Brasilien und Portugal und er selbst im Alter von 18 Jahren Kronprinz. Ein Jahr später wurde er in Rio de Janeiro mit der gleichaltrigen Erzherzogin Leopoldine von Österreich vermählt, einer Tochter von Kaiser Franz. Viel mitzureden hatte er dabei nicht. Es war eine Zweckehe, die unglücklich verlief. Sieben Jahre waren die beiden ein Paar, bis seine Frau Leopoldine früh starb.

Pedro schloss sich der brasilianischen Freiheitsbewegung an, die eine Loslösung von Portugal anstrebte. Am 7. September 1822 konnte er die Unabhängigkeit Brasiliens verkünden, knapp drei Monate später wurde Pedro I. zum Kaiser gekrönt. In den folgenden Jahren führte er eine neue Verfassung ein, die auf die Gewaltenteilung setzte und das bis dahin geltende Gottesgnadentum abschaffte. In zweiter Ehe heiratete er 1829 die siebzehnjährige Prinzessin Amalie von Leuchtenberg aus

München. Deshalb ist ein Platz im Münchner Stadtteil Neuhausen nach Dom Pedro benannt. Das alles erfahre ich, als ich genau dort meine erste richtige Arbeitsstelle antrete. Im städtischen Altenheim *Heilig Geist* am Dom-Pedro-Platz arbeite ich als Krankenpfleger. Das Altenheim ist in einem ehemaligen Kloster untergebracht. Der neubarocke, weitläufige Bau umschließt einen grünen Innenhof, ein Brunnen, Balustraden und Steinfiguren schmücken die Anlage. Der dazugehörige Kirchenbau wird von einem Zwiebelturm gekrönt.

Nach meiner Ausbildung im Siegerland habe ich mich in Frankfurt, München und Lübeck beworben und dann hier im Altenheim *Heilig Geist* eine Zusage bekommen. Bis zu meinem ersten Vorstellungsgespräch war ich noch nie in München. Mit meinem Rucksack steige ich in Siegen in den Zug nach Süden und denke, als ich am Münchner Marienplatz aus der U-Bahn-Station komme: »Hier gefällt's mir, hier bleibe ich.« Es ist nicht nur der Reiz der Großstadt, die ich attraktiv finde. Ich will weg von zu Hause und an einem Ort leben, an dem mich niemand kennt. Etwas Neues beginnen. Mein eigenes Ding machen.

Es ist eine unglaublich verrückte, coole Zeit. Die ersten zwei Jahre lebe ich zusammen mit drei Dutzend Krankenschwestern und -pflegern sowie den Zivis der Einrichtung im Wohnheim. Mein Zimmer liegt an einem ellenlangen Gang, beim Laufen quietschen die Schuhsohlen auf dem Linoleumbelag. Duschen und Toiletten teilen wir uns, und am Ende des Flurs gibt es eine Gemeinschaftsküche, in der wir oft und gerne zusammensitzen. Die Arbeit auf den Altenpflegestationen ist anstrengend, aber auch schön. Morgens früh um 6 beginnen wir den Tag mit dem Waschen der Senioren. Diejenigen, die noch selbstständig laufen können, bekommen das Frühstück im Speisesaal serviert, den anderen bringen wir ein Tablett aufs Zimmer. Vormittags gibt es verschiedene Beschäftigungsangebote, und es freut mich zu sehen, wie viele ältere Menschen in der Gemeinschaft mit anderen aufblühen. Nach dem Mittagessen gibt es wieder verschiedene Angebote, bis es um 18 Uhr Zeit für das Abendbrot ist.

Entweder habe ich Frühschicht von 6:00 Uhr bis 14:45 Uhr, die Mittagsschicht von 13:30 Uhr bis um 22:00 Uhr oder die Nachtschicht von 20:30 Uhr bis um 7:00 Uhr. Oft gehe ich, wenn ich die mittlere Schicht habe, nach der Arbeit direkt zum Feiern weg und komme erst früh um fünf Uhr wieder. Hey, ich bin 22, und das Leben ist ein großes Fest!

Klar: Es ist ein hartes Brot, wenn meine Schicht wechselt oder ich nach einer durchfeierten Nacht am nächsten Morgen direkt zum Frühdienst und um kurz vor sechs wieder auf Station sein muss. Aber ich habe in dieser Hinsicht viel Kondition …

In meiner Freizeit schreibe ich auch kleine Theaterstücke, zum Beispiel für die Weihnachtsaufführung im Seniorenheim. Wie immer, wenn's mir irgendwo gefällt und ich mich wohlfühle, gebe ich Vollgas und engagiere mich. So ist es mir zum Beispiel ein Anliegen, dass die muslimischen Reinigungskräfte mit den Senioren stärker ins Gespräch kommen. Das hilft beiden Seiten: Die alten Menschen freuen sich über die Gespräche, und die Reinigungskräfte bekommen Beziehungen zu Menschen aus Deutschland. Nur so kann Integration auf Dauer wirklich gelingen. Und eigentlich total verrückt: Zusätzlich zu all dem anderen engagiere ich mich auch noch ehrenamtlich bei der Münchner Aids-Hilfe. Vor allem in der Schwulenszene der Stadt macht die Krankheit die Runde, und es gibt viele, sehr viele Menschen, die Hilfe brauchen. Das Angebot der Beratungsstelle beginnt bei einem persönlichen Gespräch und endet mit der ambulanten Betreuung zu Hause. Das bringt Frida, die ich bei der Aids-Hilfe kennengelernt habe, und mich auf die Idee, ein eigenes Angebot aus dem Boden zu stampfen.

Das *Projekt Positiv,* wie wir unsere Unternehmung nennen, startet in meiner Wohnung. Wir gründen eine ambulante Praxis für an HIV und Krebs erkrankte Menschen. Als Erstes besorgen wir ein Faxgerät, das ich auf dem Sideboard im Wohnzimmer aufstelle und über das schon bald viele Anfragen und Aufträge reinkommen. In der Szene bin ich bekannt und es spricht sich schnell herum, dass wir für die HIV-Positiven einen speziellen Pflege- und Betreuungsdienst aufziehen. Frida besorgt die Zulassung von den Krankenkassen. Eine ganz wichtige Rolle spielt dabei Nik – denn der hat die erforderliche Ausbildung, die es für den Betrieb einer mobilen Krankenpflege braucht. Nik und ich arbeiten als Pfleger, Frida kümmert sich ums Büro.

Im Krankenhaus in Schwabing, wo einige Aidspatienten auch Palliativ betreut werden, mache ich kurzfristig eine Art Praktikum und einen sogenannten Spritzenschein, den ich brauche, um intravenöse Zugänge legen zu dürfen. Das Setzen eines Ports, über den die Medikamente in die Blutbahn gelangen, beherrsche ich schnell und immer besser. Später schule ich selbst in Arztpraxen Helferinnen und Helfer in dieser Technik.

Die Schmerzpumpen, die Aidskranke im fortgeschrittenen Krankheitsstadium meistens brauchen, werden von einer Apotheke bestückt und dann an unser Büro vom *Projekt Positiv* geliefert. Bevor es die Schmerzpumpen gab, hat man oftmals einfach fünf Milligramm Morphium gespritzt. Der Patient lag anschließend flach im Bett – total abgeschossen und zu nichts mehr in der Lage. Durch die neuartigen Pumpen kann man den Wirkstoffpegel so einstellen, dass der Patient weitgehend schmerzfrei ist und trotzdem einigermaßen handlungsfähig bleibt. Das bedeutet echte Lebensqualität für jemanden, der dauerhaft auf Schmerzmittel angewiesen ist. Man muss allerdings ein paar Tage die richtige Dosierung ausloten, bis es möglichst optimal ist. Wir sind in München mit die Ersten, die Patienten derartige Schmerzpumpen anhängen können. Später betreuen wir auch Krebskranke, die ebenfalls eine Schmerztherapie brauchen oder zu Hause beatmet werden müssen.

Mein erster Aidspatient ist ein Fotograf. Als ich ihm in seiner Wohnung gegenübersitze, zeigt er mir seinen nackten Oberkörper, der mit dunkelroten und braunen Flecken übersät ist. Das sieht echt übel aus. Das Kaposi-Syndrom, eine seltene Form von Hautkrebs, tritt vor allem bei Menschen mit geschwächtem Immunsystem auf – kein Wunder, dass auch einige Aidspatienten darunter leiden. Besonders fies: Der Krebs befällt auch die Schleimhäute und inneren Organe. Als ich dem Mann gegenübersitze, graut es mir davor, diese fleckenübersäte Haut anzufassen oder einen von den Keksen zu nehmen, die er mir gerade freundlich anbietet. Natürlich kann ich jetzt keinen Rückzieher mehr machen. Aber ich werde den Gedanken nicht los: »Auf was hast du dich da eigentlich eingelassen? Das schaffst du niemals!«

Die Arbeit mit den Aidskranken ist eine echte Herausforderung. Oft ist da ein Gefühl von Hilflosigkeit, denn über das Krankheitsbild ist noch recht wenig bekannt. Man versucht, ihnen so gut es geht beizustehen, die Symptome zu behandeln, die Schmerzen zu lindern. Aber der Verlauf der Krankheit ist gnadenlos und heftig. Mancher lebt nach der Diagnose Aids noch zwei Jahre, andere Erkrankte nur ein paar Wochen – je nachdem, wie das Immunsystem reagiert und welche Krankheiten sich durch den Ausfall des natürlichen Schutzwalls mit welcher Geschwindigkeit im Körper ausbreiten.

Das Bedrückendste für mich ist, dass es sich bei den Betroffenen oftmals um jüngere Männer handelt. Viele sind in meinem Alter. Bis vor Kurzem standen sie mitten im Saft und hatten einfach nur Bock aufs pure Leben – so wie ich. Jetzt geht nichts mehr. Todkrank liegen sie vor mir, während ich ihnen die Infusion anlege, und sprechen von den Träumen und Plänen, die sie noch hatten: Manch einer erzählt mir, dass er sich in den letzten Jahren eine Existenz als selbstständiger Unternehmer aufgebaut hat, andere haben gerade den Job in ihrer Traumfirma bekommen. Jede Menge Pläne – und dann kommt diese Scheißkrankheit und rafft alles dahin, wirft dich von einem Tag auf den anderen total aus der Bahn. Das mitzubekommen ist so bitter. Ich erlebe einige üble Geschichten, Menschen, die im Laufe der Monate regelrecht in sich zusammenfallen. Manchmal weinen wir zusammen wegen der brutalen Aussichtslosigkeit der Situation.

Ja, ich weiß, professionelle Betreuung wahrt die Distanz. Aber zuweilen ist es besser, das vermeintlich Professionelle beiseitezulassen, wenn man spürt, was den Menschen, um die es geht, guttut. Die gesunde Mitte zu finden ist dabei alles andere als einfach.

Auch wenn der Anteil an jungen Männern besonders hoch ist: Aids betrifft alle Altersgruppen und gesellschaftlichen Schichten. Menschen mit den unterschiedlichsten sozialen Hintergründen sind betroffen – vom biederen Bankkaufmann bis zum Typen aus der »Lederszene«, in dessen Wohnung jede Menge »Toys« rumhängen. Interessant ist auch der Gymnasiallehrer, den ich in Nymphenburg aufsuche, nachdem er sich bei uns im Büro zur Betreuung angemeldet hat. Auf den ersten Blick alles sehr gediegen: schickes Haus, Designerleuchte über dem Eingang. Es gibt keine Klingel, dafür eine fein gearbeitete Bronzeglocke mit Schnurzug. Das zarte Bing-Bing der Glocke steht in krassem Gegensatz zu dem, was mich drinnen erwartet. Als ich das Wohnzimmer betrete, haut es mich fast um: Alles hängt voller großer Poster. Fotos, die vor allem eines zeigen: Schwänze.

Zurück im Büro, sagte ich zu Frida: »Da kann ich nicht allzu oft hingehen. Ich werde kirre, wenn ich zwei, drei Stunden in dieser Umgebung verbringe. Das ist einfach too much.« Dabei bin ich durchaus kein Sensibelchen.

Beim nächsten Mal fährt deswegen Frida zu dem Klienten. Der öffnet ihr sichtlich erstaunt die Haustür und fragt, um was es ginge. »Ich komme vom ambulanten Pflegedienst *Projekt Positiv* und will Ihnen die Infusion angelegen. Herr Alof kann heute nicht.« Daraufhin drückt der Typ die Tür mit den Worten »Dich will ich hier nicht haben« einfach wieder zu.

Viele Patienten sind durch die Krankheit zeitweise nervlich am Limit und werden dann auch schon mal ausfällig. Aber die meisten sind unglaublich freundlich und wissen die Hilfe, die wir ihnen zuteilwerden lassen, zu schätzen.

*

Frida ist für mich mehr als eine Kollegin. Sie ist auch eine gute Freundin und eine Art Ersatzmutter. Einerseits ist sie liebevoll-wohlwollend, zugleich aber auch meine schärfste Kritikerin. Mit ihrer direkten Art sorgt sie dafür, dass auf unserem Firmenkonto und auch bei meinen privaten Finanzen kein Chaos herrscht. Aber sie hält nicht nur das Geld zusammen, sondern kümmert sich auch darum, dass ich bei all den anstehenden Projekten und Terminen den Überblick nicht verliere. Das ist nicht ganz leicht, weil ich tagsüber von einem Patienten zum anderen sause und nachts nach wie vor gerne feiern gehe.

Frida ist 'ne ziemlich coole Socke, auch wenn sie schon Ende 40 ist. Meist trägt sie lange schwarze Kittel, abends ziehen wir oft zusammen »um die Häuser«. Gleich als wir uns das erste

Mal getroffen haben, fand ich sie total sympathisch. Jedenfalls bin ich saugern mit ihr unterwegs.

Als wir uns selbstständig machen, schaffen wir uns ein Auto an – einen furchtbar hässlichen, quietschgrünen Hyundai. Immerhin ist das Teil, das zwingend nötig ist, um zu unseren Klienten zu kommen, ziemlich günstig. Bevor wir loslegen, muss ich jedoch erst einmal die Führerscheinprüfung schaffen. Wegen meiner Epilepsie warte ich mit dem Autofahren, bis ich 24 bin. Zu groß ist meine Sorge, dass ich unterwegs plötzlich einen Anfall, einen Blackout habe. Erst als ich sicher bin, dass mich die Krankheit in Ruhe lässt, gehe ich das Thema Führerschein an. Frida hilft mir bei der Prüfungsvorbereitung.

Eines Tages ist es so weit: Stolz wie Oskar komme ich von der praktischen Prüfung nach Hause und wedle, als ich im Türrahmen stehe, mit dem grauen Lappen. »Frida ich hab's gepackt! Als Nächstes fahren wir zusammen nach Rom.«

Gesagt, getan. Ich klemme hinter dem Steuer des Hyundai und fühle mich, als säße ich in einem funkelnagelneuen Porsche. Der erste eigene Wagen!

Wenn ich das Fahren irgendwo gelernt habe, dann in der Stadt am Tiber. Es ist sozusagen die praktische Prüfung, Teil II. Entweder du passt dich direkt an die südländischen Gepflogenheiten und das Tempo an, oder du wirst gnadenlos untergebuttert. Ich will mir den Schneid nicht abkaufen lassen. So sausen wir mit einem Affenzahn durch die Straßen der Heiligen Stadt. Ein wildes Geschreie und Gehupe gehört einfach dazu. Vor jeder Ampel checken erst einmal alle, ob irgendwo ein Carabiniere zu sehen ist. Wenn nein, geben sie Gas, auch noch bei Dunkelgelb. »Friederike, mach du die Augen zu. Ich fahr jetzt wie die Römer«, sage ich immer wieder zu meiner Beifahrerin, wenn es besonders heftig wird. Die hält sich dann mit der Hand am Armaturenbrett fest, um das Gleichgewicht zu halten, während wir um die Kurven brettern. Immer wenn ich sie ärgern möchte, nenne ich sie bei ihrem vollen Namen, ansonsten bleibt es bei der Kurzform Frida. Jedenfalls ist sie ziemlich erleichtert, als wir die Stadt über die Ausfallstraße wieder verlassen. Am liebsten wäre es ihr, wenn ich konstant 60 fahre, auch auf der Autobahn.

In den nächsten Tagen steuere ich die grüne koreanische Schüssel entlang der Amalfiküste. Wir haben einen fantastischen Ausblick auf den Golf von Salerno. Gemeinsam verbringen wir auf der zweiwöchigen Reise eine tolle Zeit!

Inzwischen gehört Frida sozusagen mit zur Familie Alof. Mit ihr unterwegs zu sein, lasse ich mir nie nehmen, auch nicht, wenn es gerade einen Partner an meiner Seite gibt.

Auch mit einem der Ärzte, mit denen wir als Betreuungsteam enger zusammenarbeiten, habe ich mich angefreundet. Ich kenne ihn aus der Münchner Schwulenszene. Er praktiziert als Internist, führt eine Schwerpunktpraxis für Aidskranke. Manchmal ruft er mich nachts an und holt mich dann mit seinem Motorrad ab, weil wir zu einem unserer Patienten müssen, der Hilfe braucht. Er ist ein Toparzt, ein Freund, mit dem ich coole Stunden verbringe. Sein früher Tod erschüttert mich. Es ist eine wilde und verrückte Zeit, in der sich das meiste in meinem Leben irgendwie um HIV und Aids dreht.

*

Von Sterbenden kannst du lernen, was das Dasein wirklich ausmacht. Du spürst, was du auf keinen Fall versäumen solltest, solange du Zeit dafür hast. Aus den Gesprächen mit Todkranken gehe ich oft unglaublich gestärkt heraus und finde für mich selbst Antworten auf wichtige Lebensfragen. Manche Menschen strahlen einen unglaublichen inneren Frieden aus, andere wollen nicht gehen und ringen bis zum Schluss verbissen mit der Diagnose.

Ein 19-jähriger Patient, den ich betreue, hat eine unbändige Lust am Leben. Wie gerne würde er mit seiner Frau, die er noch auf dem Sterbebett geheiratet hat, etwas unternehmen, einfach losfahren, irgendwohin. Aber er kann nicht. Sein Leben geht zu Ende. Und er fragt: »Warum, verdammt noch mal, muss mir das passieren? Sag mir, warum?«

Seine Mama und sein Papa versuchen ihn zu beruhigen: »Des wird scho …« Auch der behandelnde Arzt will ihm Mut machen und spricht davon, was alles medizinisch noch machbar ist – obwohl er weiß, wie gering die Erfolgsaussichten sind. Der katholische Seelsorger versucht, den Sterbenden mit dem Verweis auf den Himmel zu trösten, indem er sagt: »Das Leiden dieser Zeit ist nicht mit dem zu vergleichen, was kommen wird.«

Aber so einfach ist es nicht! Wer unbedingt leben will, dem hilft die Vertröstung, dass es im Jenseits schöner sein wird, nicht!

Es gibt auch diejenigen, die dem Tod gelassen entgegensehen. Ich denke an die Kindergärtnerin, die mit 35 Jahren an Krebs erkrankt ist. Sie hat eine klare Sicht auf ihr Leben, ist mit sich selbst im Reinen und sagt: »Stephan, ich kann zufrieden gehen. Ja klar hätte ich gerne noch 40 oder 50 Jahre gelebt, aber die Jahre, die ich hatte, waren wunderschön. Alles ist gut!« Sie schläft am Ende friedlich ein, und ich denke: »Unglaublich, woher hat die Frau die Kraft genommen?«

Wenn ich jemanden sehr lange und intensiv begleitet habe, gehe ich fast immer auf dessen Beerdigung. Das ist Ehrensache. Manchmal stehe ich an vier Tagen der Woche auf dem Friedhof. Im Münchner Glockenbachviertel, wo die Schwulenszene einen Schwerpunkt hat, existieren bald ganze Freundeskreise nicht mehr. Viele gute Bekannte und Freunde musste ich in den letzten Jahren zu Grabe tragen.

Manche Fälle machen einen besonders sprachlos. Die Mutter eines kleinen Mädchens, um das ich mich gekümmert habe, war Junkie und hatte Aids. Das Mädchen war von Geburt an infiziert. Sie ist nur vier Jahre alt geworden.

Gott, wo bist du? Diese Frage stelle ich mir immer wieder. Damals, aber auch heute. Wie viele Menschen auf dieser Erde sind krank, wie viele sterben, bevor sie richtig gelebt haben? Wie viele müssen hungern oder leiden an den Folgen von Krieg und Gewalt. 680 Millionen Hungernde soll es laut der Organisation Welthungerhilfe momentan geben. Bis Ende des Jahres 2020, so die Prognose, könnten es auch eine Milliarde Menschen sein. Gott, wo bist du? Warum lässt du all das zu? Warum muss ein kleiner Junge in Kenia elendig verdursten? Warum stirbt eine junge Frau, eine liebevolle Mutter, im Alter von 35 Jahren an Krebs? Vieles kann ich nicht verstehen. Aber dennoch bin ich überzeugt: Gott trägt nicht die Schuld für all das Leid, das geschieht. Wir haben einen freien Willen und es meist selbst in der Hand, unser Leben zu gestalten – zumindest im reichen Deutschland. Aber der Preis des freien Willens ist es, dass durch unser Handeln auch immer wieder Leid entsteht.

Es müsste nicht sein, dass eine Milliarde Menschen auf dieser Erde hungern. Wir lassen es zu. Lassen zu, dass Börsenspekulanten und gewissenlose Großunternehmer den einfachen Bauern die Ackerflächen wegnehmen, um Viehfutter anzubauen für den unersättlichen Fleischkonsum der Menschen in den reichen Ländern. Wir lassen es zu, dass Waffenhändler Diktatoren mit Maschinenpistolen und Bomben beliefern, mit denen sie dann ihr Volk unterdrücken und blutige Konflikte mit den Nachbarländern austragen. Und dann sterben die Menschen wie die Fliegen.

Das können wir nicht alles so laufen lassen! Klar, es gibt keine einfachen Lösungen. Aber wir können unsere Stimme dagegen erheben und tun, was in unseren Möglichkeiten liegt. Die Frage: »Gott, wo bist du?«, kann ich ein Stück weit durch mein eigenes Leben beantworten. Indem ich dort helfe, wo ich gebraucht werde. Indem ich dem Leid mit offenen Augen und einem empfindsamen Herzen begegne. Indem ich Verantwortung übernehme. Wie hat es Teresa von Ávila mal gesagt? »Gott hat keine anderen Hände als unsere.«

Die größte Sünde ist die des nicht gelebten Lebens. Deswegen ist es Quatsch, wenn die Kirche versucht, Menschen auf später zu vertrösten. Wir können mit unserem Tun den Himmel ein Stück weit auf die Erde holen und wunderschöne, sinnvolle Momente erleben. Das habe ich damals auch bei meiner Traueransprache dem Partner und dem Sohn von Sabine gesagt, der 35-jährigen Frau, die an Krebs gestorben ist: »Ihr schreibt die Geschichte von Sabine weiter. Und ihr gebt jetzt mit eurem Leben die Antwort auf die Frage nach dem Sinn.«

5 / PARADIESGARTEN

Die Heilig-Geist-Kirche im Tal direkt neben dem Viktualien-markt gehört zu den ältesten Bauten Münchens. Das dreidimensional wirkende Deckengemälde im Kirchenschiff zeigt eine Auferstehungsszene: Christus im weißen Gewand schwingt sich mit einem hellblauen Umhang zum Himmel auf. Ein Lichterkranz umgibt den Gottessohn, ebenso die weiße Taube, die über seinem Kopf schwebt. Von 1724 bis 1730 hat der Maler Cosmas Damian Asam die drei Fresken in grandioser Weise angelegt. Das dargestellte Himmelsszenario an der Decke des Gewölbes ist ein wahrhaft paradiesischer Ort – nicht weniger ist das der »Garten Eden«, den wir in den vergangenen Tagen mit einigen Helfern im dreichörigen Kirchenschiff darunter arrangiert haben. Eine aufwendige Kunstaktion, mit der wir die Menschen in die Kirche holen wollen. Gemeinsam mit meinem Freund Gabriel, der Gartenarchitekt ist, und unserem Gemeindepfarrer Rainer Schießler, durfte ich dieses Wahnsinnsprojekt mit finanzieller Unterstützung des Ordinariates anschieben und organisieren. Und nun stehe ich hier und freue mich, wie schön alles geworden ist.

Eine üppige Gartenlandschaft füllt den Altarraum: 22 Hainbuchen in Pflanzkübeln, bis zu 9 Meter hoch, stehen zwischen den weißen Säulen, die das barock gestaltete Kirchengewölbe tragen. Wasser fließt in eine Schale aus Sandstein, die auf einem

Sockel aus dem 12. Jahrhundert ruht. Staunend laufen die Besucher durch die Installation, überall gibt es etwas zu entdecken. Es riecht nach Garten und frischen Kräutern. Die Papiertauben, die an langen Fäden von der Decke herunterbaumeln, geben dem Ganzen ein friedliches Ambiente. Zweimal am Tag werden liturgisch gestaltete Gebetszeiten angeboten. Vor dem Eingang ist ein Hecken-Labyrinth aufgebaut.

Eigentlich kann man die Kirche nur über die Seiteneingänge betreten. Aber für unsere Kunstaktion mit dem Paradiesgarten haben wir die alte Pforte zum Viktualienmarkt hin geöffnet. Die Leute strömten nur so herein. Am Ende werden es Zehntausende sein, die den Garten besucht haben.

*

Rainer Schießler und ich arbeiten schon lange kreativ zusammen. Ich entwickle permanent neue Ideen und lasse mir coole Projekte einfallen, dann setzen wir vieles gemeinsam um. Angefangen hat alles in einem Drogeriemarkt im Glockenbachviertel, wo ich seit einigen Jahren wohne. Rainer spricht mich eines Tages beim Einkaufen an: »Hallo, ich habe Sie schon öfters in der Kirche gesehen. Und ich hab den Eindruck, dass Sie genau der Mensch sind, den wir bei uns im Pfarrgemeinderat brauchen könnten. Mögen Sie nicht für den Pfarrgemeinderat kandidieren? Wir haben bald Wahlen.« Ich bin ziemlich perplex und sage erst einmal nur: »Okay, ich schau mal«, obwohl ich eigentlich alles andere als auf den Mund gefallen bin. Ein paar Tage später treffen wir uns im Pfarrhaus und sprechen in Ruhe über seine und meine Vorstellungen. Rainer Schießler ist Anfang 30 und seit etwa einem Jahr in der Gemeinde; ich bin fünf Jahre jünger als er und selbstständig als Intensivkrankenpfleger tätig. Seit einer Weile wohne ich in der Reichenbachstraße, etwa 500 Meter von der Kirche entfernt.

Schon unsere allererste Begegnung war besonders. Als meine Eltern während meiner ersten Jahre in München, in denen ich noch in Nymphenburg lebe, einmal zu Besuch kommen, gehen wir zusammen an der Isar spazieren. Als ich von der gegenüberliegenden Flussseite aus die Sankt-Maximilians-Kirche mit ihren wuchtigen Doppeltürmen und dem roten Dach entdecke, beginnen die Glocken zu läuten. Spontan sage ich zu meinen Eltern: »Kommt, da gehen wir jetzt mal rein.« Zufall oder nicht? An diesem Tag findet gerade die Amtseinführung des neuen Pfarrers Rainer Schießler statt. Der festliche Gottesdienst hat schon begonnen, die Kirchenbänke sind dicht besetzt. Wir stellen uns deshalb einfach leise in die letzte Reihe und hören zu, wie der neue Pfarrer predigt. Der Mann nimmt kein Blatt vor den Mund, bezieht Stellung zu aktuellen Themen und spricht so, dass ihn jeder verstehen kann. Mit wuchtigen Gesten untermalt er seine Worte: »Hobts mi?«, fragt er manchmal zwischendurch mit einem Augenzwinkern.

»Leben und leben lassen« – dieses schöne bayrische Lebensprinzip schwingt unterschwellig in seiner Ansprache mit. Anschließend sage ich zu meiner Mama: »Was für ein cooler Typ und was für eine tolle Gemeinde. Ich glaube, das könnte mir gefallen.« Immer mal wieder fahre ich seitdem aus Nymphenburg nach Sankt Max zum Gottesdienst. Und nach meinem Umzug ins Glockenbachviertel gehe ich dort regelmäßig sonntags in die Messe.

*

Nach meinem Gespräch mit Pfarrer Schießler entscheide ich mich: Okay, ich kandidiere. Vor der Wahl zum Pfarrgemeinderat oute ich mich vor der Gemeinde als homosexuell. Wie alle anderen Kandidatinnen und Kandidaten stelle ich mich am Ende eines Gottesdienstes vor und sage: »Wenn ihr mich wählt, müsst ihr das wissen.«

Ich habe mit vielem gerechnet – von wohlwollendem Nicken bis heftiger Ablehnung. Aber die Reaktion der Gottesdienstbesucher überrascht mich: Die Menschen stehen auf und klatschen, gefühlt eine Minute lang. Und ich stehe da und bin einfach gerührt. Bis heute ist es für mich ein großes Glück, dass ich in dieser Gemeinde im Herzen von München gelandet bin. Ich muss mich hier nicht verstellen oder verbiegen, sondern kann einfach so sein, wie ich bin.

»Was für ein verrückter Hund«, das sagt man ab und zu über mich. Aber das stört mich nicht. Ganz im Gegenteil. Ich denke, unsere Kirche braucht mehr solche Typen, die auch mal andere Impulse setzen und ungewöhnliche Wege gehen.

»Verrückt zu leben« hat ja was mit »verrücken« zu tun. Dinge, die schon ewig und drei Tage an derselben Stelle stehen, einfach mal woanders hinzutun, nur um auszuprobieren, ob sie dort nicht vielleicht viel besser zur Wirkung kommen. Das gilt für Einrichtungsgegenstände ebenso wie für scheinbar bewährte Denkweisen und Ansichten.

Ewig das Gleiche – nach dem Motto »Bewährt ist bewährt« –, das wird irgendwann langweilig. Dann ist etwas Neues dran, weil frische Farbe einfach guttut. Manches hat sich schlicht überlebt. Man kann zum Beispiel eine Kirche heute nicht mehr so leiten wie vor hundert Jahren. Die Menschen haben sich verändert und erleben in den meisten Bereichen ihres Lebens eine große Freiheit. Das hat positive Aspekte – etwa die vielen Möglichkeiten bei der Berufswahl –, aber auch negative Seiten –

zum Beispiel, wenn manche mit der Vielzahl an Optionen überfordert sind. Aber dass ihnen in der Kirche von oben herab gesagt wird, was richtig und falsch ist, das wollen die wenigsten. Dieses Selbstverständnis von Kirche ist eine Hemmschwelle, über die nur wenige drüberkommen. Viele verabschieden sich dann, weil die Kirche mit ihren Strukturen nicht mehr ins eigene Leben zu passen scheint.

Veränderungen sind natürlich immer auch eine Frage des Wollens. Während die einen bei einem Umzug alles am liebsten wieder genauso zusammenstellen, wie es war – die Stehlampe schön ordentlich rechts neben den Couchtisch und die Kissen in Reih und Glied auf dem Sofa –, machen andere einen radikalen Schnitt und trennen sich bei solchen Gelegenheiten von dem einen oder anderen Teil. Statt dem vergilbten Kunstdruck kommt ein frisches Acrylbild mit poppigen Farben an die Wand, und die olle Stehlampe wandert auf den Flohmarkt oder zum Sperrmüll.

Ich bin ja immer für eine gute Mischung: Wenn man Alt und Neu pfiffig kombiniert, kann man die tollsten Effekte erzielen und das Gute und Schöne von *beidem* behalten. Und ich bin jemand, der gerne etwas bewegt und ungern bei dem stehen bleibt, was ist. Das ist für viele unbequem, die sich am liebsten dauerhaft in einer bestimmten Situation einrichten.

Manche Gralshüter kirchlicher Organisationsformen sagen zu geplanten Änderungen: »Ja klar, das könnte man schon einmal überdenken. Aber hatten wir nicht erst vor zehn Jahren eine grundlegende Reform …?« Dann lächle ich grimmig.

Kontinuität und Tradition sind das eine. Aber überlebte Formen gehören eher ins Museum als in den Alltag. Manche Menschen hängen, das ist mir bewusst, an Traditionen – daran, dass wir Feste und Gottesdienste so begehen, wie wir es schon immer getan haben. Aber wenn es darum geht, wie es mit uns als

Kirche, als christlicher Gemeinschaft an sich weitergehen kann, muss auch das Bewährte auf den Prüfstand kommen. Denn für viele ist die starre Form, in der wir Gottesdienst feiern, sind die alten Lieder, die wir singen, eine Barriere, die verhindert, dass sie dazukommen. Wenn es heißt: »Ein Haus voll Glorie schauet«, oder: »Gebenedeit seist du Maria« – dann ist dies nicht ihre Sprache. Wer bei den vorgetragenen liturgischen Texten in der heiligen Messe nur Bahnhof versteht, weil er jedes zweite Wort in die Google-Suchmaschine eingeben muss, dem geht jedes Verständnis für den guten Inhalt ab.

Natürlich könnte ein Gottesdienstbesucher sich das alles aneignen. Aber ist dafür sonntags in der Messe die Zeit und der Raum? Und müssen wir überhaupt lernen, was von vorgestern und heute nicht mehr verständlich ist? Wenn einer sagt: »Hey, sprecht doch mal normal mit mir!«, kann ich diesen Einwand gut verstehen. Traditionen nur um der Tradition willen zu leben, das ist mir viel zu wenig. Jeder gute Inhalt muss irgendwann wieder in eine neue Form gegossen werden, damit er überlebt – oder er verliert seine Bedeutung. Und abzuwarten, bis etwas so unerträglich geworden ist, dass eine Änderung unvermeidbar scheint, ist nicht mein Ding. Eher spucke ich direkt in die Hände und pack's an. Einfach machen! So entstehen die tollsten Dinge!

Rainer Schießler versteht es, die Menschen mit ihren unterschiedlichen Hintergründen und Bedürfnissen abzuholen. Er ist ein Original, ein Urgestein. Wenn er lacht, dann dröhnen einem die Ohren. Rainer predigt nicht von der Kanzel herab, sondern geht durch die Reihen der Gläubigen. Zwischen den Bänken des Mittelschiffs hält er seine Predigt.

Wenn er zornig ist, dann heißt es: Deckung suchen. Und wenn er etwas wirklich will, dann gibt es kein Halten. Mit seinem Motorrad saust er durchs Viertel, zu Tauffeiern, Hochzeiten und

Beerdigungen. Dass er auf dem Oktoberfest kellnert und den Lohn dafür einem Aidswaisen-Hospiz in Afrika spendet, finden viele einfach nur großartig. Auch ich.

Man könnte denken, der Mann ist ein Universalgenie ohne jeden Fehler. Aber da muss ich auf die Bremse treten, denn das wäre überzogen. Rainer ist im Umgang auch oftmals unbequem. Und was soll ich sagen? Das hat mir vom ersten Augenblick an gefallen. Denn ein Mensch mit Ecken und Kanten ist mir allemal lieber als ein aalglatter Typ, den du nicht zu fassen bekommst und der sich derart anpasst, dass er sich in jede noch so kleine Ritze schmiegt.

Manchmal haben Rainer und ich uns in den vergangenen Jahren bis aufs Messer gestritten – aber ich bin nie weggelaufen, sondern habe mich der Situation und dem Konflikt gestellt. Oft ist am Ende nicht das entstanden, was ich mir im ersten Moment vorgestellt hatte, sondern etwas Besseres. Jede Menge kreative, ganz wunderbare Projekte in der Gemeinde und auch eine schöne Freundschaft.

Dass Rainer zugelassen hat, dass so ein abgedrehter Typ wie ich immer wieder neue Ideen und frischen Wind in die Gemeindearbeit einbringen darf, ist ein Grund zur Dankbarkeit.

Stichwort »Paradiesgarten«. Die Aktion war keine Ausnahme. Jedes Jahr lasse ich mir zu den großen kirchlichen Festen wie Ostern, Fronleichnam, Erntedank und Weihnachten etwas Neues einfallen.

Wenn ich die Ideen das erste Mal vorstelle, blicke ich des Öfteren in ungläubige Augen. Und ich kann die Argumente, weshalb das alles eigentlich zwei oder drei Nummern zu groß für uns ist und viel zu viel Aufwand bedeutet, schon förmlich riechen. Aber das hält mich nicht davon ab, solche Ideen vorzustellen, anzupacken und umzusetzen. Denn meine Erfahrung zeigt: Wo ein Wille ist, da ist auch ein Weg.

Da kurve ich mit meiner Karre durch Schwabing und sehe am Straßenrand ein Vorfahrtsschild, auf das jemand »Du bist wichtig« gesprayt hat. Ohne zu zögern mache ich den Warnblinker an, stoppe ich mitten im Verkehr und mache ein Handyfoto von dem Teil. Zwei Stunden später treffe ich Rainer im Pfarrbüro und halte ihm mein Mobiltelefon unter die Nase: »Schau mal – das ist unsere diesjährige Weihnachtsbotschaft.« Rainer lächelt, und ich weiß: Er ist dabei. Das läuft.

Am nächsten Tag rufe ich beim Verkehrsamt der Stadt München an, frage nach den Konditionen für eine Ausleihe und reserviere mir direkt 40 Vorfahrtsschilder, die ich in der Woche vor Weihnachten auf dem städtischen Bauhof abholen kann: 40 Schilder, 40 stabile Rechteckstangen und 40 schwarze Standfüße. Ein Spezi schuldet mir zum Glück noch einen Gefallen, und mit seinem Lieferwagen holen wir das Material vom Bauhof ab und karren es in die Kirche.

*

Im Altarraum von Sankt Max steht der große, mit vielen Lichtern festlich geschmückte Weihnachtsbaum, die Orgel spielt »Vom Himmel hoch, da komm ich her.« Über der hölzernen Krippe auf den Steinstufen in der Apsis schwebt ein Engel im weißen Gewand.

Links und rechts des Mittelgangs sind die Verkehrszeichen aufgereiht, mit einem wichtigen Hinweis, der allen Besuchern ein Lächeln ins Gesicht zaubert: »Du bist wichtig« haben wir mit abwaschbarem Stift direkt auf die Schilder geschrieben.

Ich stehe am Eingang und blicke durch den Gang nach vorne zum Altar. Zufrieden stelle ich fest, wie gut alles zusammenpasst: die romanischen Säulenreihen, die grauen Rundbögen und die weiß-gelben Blechschilder auf den silberfarbenen Ständern. So hatte ich mir das vorgestellt!

Ich liebe es, Räume zu gestalten. Und alles, was wir machen, ist nie bloße Dekoration – sondern es soll sinnstiftend sein. Eine Gestaltung, die zum Nachdenken anregt.

Einmal stellen wir im Advent Mülltonnen in die Kirche. Die Idee ist, dass die Leute dort all das reinschmeißen können, was sie belastet und bedrückt. An Weihnachten legen wir auf jede Mülltonne ein Christkind aus Kunststoff – um zu zeigen, dass Christus in diese Welt gekommen ist, um den ganzen Müll auf sich zu nehmen. Alles, was uns umtreibt, unser Versagen. Jesus ist einer, der gekommen ist, um uns zu sagen, dass unser Leben trotzdem gelingen kann. Trotz allem Unrat, allem Mist, den wir machen. Seine Zusage gilt: »Ich bin für euch da, und ich bleibe bei euch.« Dieses schwache Kind zeigt uns, wo der Weg langgeht.

Ich dekoriere auch gerne mit Naturmaterialien. Als wir einmal im Herbst ein starkes Hochwasser in München haben, bringt mir jemand von der Stadt jede Menge Treibgut, das sich am Isarufer aufgestaut hat. Baumstämme und Bretter, die ich dann in den Mittelgang der Kirche lege und auch einen Altar daraus baue. Mit Helfern bohre ich um die 1000 Löcher in die Hölzer. Da hinein stecken wir dann Kerzen, die wir im Weihnachtsgottesdienst anzünden. Ein wunderbares Lichtermeer.

*

Als ich das erste Mal im Pfarrgemeinderat mit dabei bin, sitzen überwiegend ältere Menschen am Tisch. Ich senke den Altersdurchschnitt ziemlich, und ich bin gespannt, was mich erwartet. Es geht an diesem Abend vor allem um die Vorbereitung des Sommerfestes.

»Jo, da moach'n ma wida Wiener und Kartoffelsalat …«, beginnt der Erste. Die Zweite fügt hinzu: »D' Deko, die moch i.«

Ich war ja noch nie dabei und frage unbedarft: »Moment mal, wo macht ihr das denn, das Fest?«

»Jo, wie imma im Hof bei uns, da samma unter uns.«

Ich halte mit meiner Meinung nicht hinterm Berg: »Warum denn das? Warum geht ihr denn nicht vors Haus? Lasst uns doch die Straße sperren, dann können die Leute aus dem Viertel kommen und dran teilnehmen.«

»Ja, soll'n die jetzt auch das Bier für 'ne Mark bekommen?«

»Unbedingt, warum denn nicht? Weil sonst wären wir eine geschlossene Gesellschaft. Nach dem Motto, ›mir san mir‹, und jemand, der von draußen kommt, hat dann ja gar keine Möglichkeit, dabei zu sein.«

Da gab's natürlich gleich die erste Streiterei, und ich musste mir anhören: »Du kennst di net aus.« Aber zum Glück hat sich unser Pfarrer direkt hinter mich gestellt und gesagt: »Doch, das probier'n ma.«

Es wurde ein megaschönes Fest mit einem Ansturm von Besuchern. Die Menschen haben ganz neu wahrgenommen, dass die altehrwürdige Kirche in ihrem Viertel eine lebendige Gemeinde beherbergt. Dazukommen zu dürfen und eingeladen zu sein, das ist einfach schön. Wenn wir in der Kirche immer nur unter uns bleiben wollen, haben wir nicht verstanden, worum es geht. Jesus hätte jeden an den Tisch geholt.

Kirche neu, modern und für alle offen zu gestalten, das ist unsere wichtigste Aufgabe, wenn wir wollen, dass das Ganze Zukunft hat. Die Kirchenmauer ist eine Umfriedung, aber keine Abgrenzung.

*

Bei den Gottesdiensten, die ich in den ersten Monaten in Sankt Maximilian erlebe, sitzen manchmal nur 40 bis 50 Menschen in der Kirche. Selbst zu besonderen Ereignissen wie der Osternacht sind es nicht mehr. Heute kommen zu solchen kirchlichen Festen 800 bis 1000 Besucher – die Frucht jahrzehntelanger harter Arbeit. Die Predigten, die unser Pfarrer hält, kommen bei den Leuten gut an, und der Rahmen, den wir gestalten, ist ungewöhnlich. Ein fantastischer Kirchenchor unter der Leitung von Gerald Häusler, der seit Jahrzehnten für die Arbeit verantwortlich zeichnet, begeistert mich und viele andere Zuhörerinnen und Zuhörer immer wieder. Was wir in Sankt Max machen, ist einfach authentisch. Reden, Singen, Glauben und Leben sind eins. Und das spür'n die Leute. Keiner redet geschwollen daher. Auch meine Fürbitten im Gottesdienst halte ich genauso, wie mir der Schnabel gewachsen ist. Oft kommen mir die Ideen dafür morgens im Bett, direkt nach dem Aufwachen.

Am Karfreitag wird in der Liturgie für die heilige Kirche, den Papst, alle Verantwortlichen in der Kirche, die Taufbewerber, für die Einheit der Christen, für die Juden, für alle, die nicht an Christus und Gott glauben, für die Regierenden und für alle Not leidenden Menschen gebetet.

Ritualisierte Gebete sind gut und schön, aber mit der ewigen Wiederholung des Immergleichen holen wir die Menschen nicht mehr ab. Das klassische Fürbittengebet nach altem Ritus, es schleift sich ab, es wird langweilig, es rauscht vorbei. Und dass sich die Fürbitten vor allem um den Erhalt der Kirche und ihrer Organisationsformen drehen, ist grundfalsch! Wir müssen mit den Armen anfangen – und erst die letzte Fürbitte kann meinetwegen für die Kirche sein.

Irgendwann habe ich damit begonnen, neue Fürbitten zu schreiben, die ganz anders sind. Gebete, die aktuelle Aspekte aufgreifen. Themen, die uns in der Gemeinde und mich selbst

stark beschäftigen. Anliegen gibt es mehr als genug. Ein Blick in
die täglichen Nachrichten reicht, dass einem heiß und kalt wird.
Es treibt mich um, wenn ich sehe, in wie vielen Teilen der Erde
die Menschenwürde mit Füßen getreten wird, wie Unruhen
und Kriege viele Länder erschüttern und Tausende vor Gewalt
und Elend fliehen müssen. Es ist so wichtig, all diese Not vor
Gott zu bringen und für die Menschen zu beten, die leiden. Wir
bitten auch für die Verantwortlichen – dass sie die richtigen
Entscheidungen treffen. Das meint der Begriff »Fürbitte«. Für
andere beten. Nach jedem Anliegen sage ich: »Lieber Gott, wir
bitten dich«, und die Gemeinde antwortet: »Wir bitten dich, erhöre uns.«

Die richtigen Worte zu finden, eine Sprache zu sprechen, die
jeder verstehen kann, das ist so wichtig, damit die Botschaft
nicht über die Köpfe hinweggeht und ungehört verhallt.

Es braucht ein niederschwelliges Angebot.

Bei alldem ist es uns, unserem Pfarrer Rainer Maria Schießler und all den Haupt- und Ehrenamtlichen unserer Gemeinde,
immer wieder wichtig zu betonen: Hier in diesem Haus ist jede
und jeder willkommen. Alle dürfen sich geliebt und angenommen wissen, so wie sie sind. Egal, was sie leisten oder verdienen,
egal, woher sie kommen. Da sitzt die Seniorin neben dem lesbi-
schen Pärchen in der Kirchenbank und die Friseuse neben dem
Anlageberater. Genauso bunt stelle ich mir übrigens auch den
Paradiesgarten im Himmel später vor: kein englischer Rasen,
schön gleichmäßig kurz geschoren, sondern eine bunte Wiese
voller Blüten. Eine farbenfroher als die andere. Das klingt zwar
kitschig, aber in meiner Vorstellung ist es so.

*

Viele Menschen können Geschichten davon erzählen, wie abweisend Kirche sein kann. Die Mutter eines Freundes feierte am 22. Dezember Silberhochzeit und wollte dieses Ereignis mit der ganzen Familie in einem Dankgottesdienst begehen. Aber ihre Anfrage im evangelischen Gemeindebüro lief ins Leere. Kurz und knapp wurde ihr mitgeteilt, dass es so kurz vor Heiligabend leider nicht möglich sei, die Kirche zu nutzen, weil alles für Weihnachten vorbereitet werden müsse.

Mein Freund rief bei mir an und schilderte die Situation. Da hab ich spontan gesagt: »Du, das ist doch überhaupt kein Problem, kommt zu uns und feiert in Sankt Maximilian. Das kläre ich mit unserem Pfarrer, aber der wird vermutlich auch nichts dagegen haben, wenn ich mich darum kümmere, dass am Ende alles klappt. Wir öffnen für euch die Korbinians-Kapelle, da könnt ihr den Dankgottesdienst gerne feiern.«

Auch wir mussten an diesem Tag in der Kirche noch einiges mit Blick auf die Weihnachtsfeiertage vorbereiten. In der Früh waren einige Hundert Kinder zum Schulgottesdienst da. Aber wo ist das Problem, die Vorbereitungen für eine Stunde zu unterbrechen, damit Menschen einen Dankgottesdienst feiern können, weil sie 25 Jahre in Liebe zusammen verbracht haben? Eine evangelische Pfarrerin reiste extra aus Nürnberg an und es wurde eine bewegende Feier. Und die Gäste und das Paar haben erfahren: Unser Anliegen ist der Kirche wichtig.

*

Als Kirchenpfleger, wie es in Bayern heißt, bin ich Teil eines siebenköpfigen Gremiums und so etwas wie der Vorstand der Gemeinde. Wenn unser Pfarrer schwer erkranken würde und nicht weiterarbeiten könnte, wäre ich für alle kleinen und gro-

ßen Aufträge und Projekte in der Gemeinde unterschriftsbe-
rechtigt. Der Kirchenpfleger ist derjenige, der sich um alltägli-
chen Belange kümmert: um Arbeitsverträge mit Mitarbeitern,
die Finanzplanung und die Kassenverwaltung, die Anschaffung
von Material und Möbeln, das Renovieren von Räumen und
Aufträge an Lieferanten und Handwerker. Das Wort »Kirchenpfleger« nehme ich sehr ernst. Die Pflege der Kirche, in der wir
als Gemeinde zusammenkommen, in der wir Feste feiern und
den Alltag teilen, ist mir ein Herzensanliegen. Damit die Menschen, die bei uns zu Gast sind, sich wohl fühlen.

Im Pfarrgemeinderat hat es zuweilen etwas geknirscht, wenn
Alt und Neu miteinander um die richtigen Formen gerungen
haben. Aber es gab genügend Offenheit, nicht auf ewig so weiterzumachen. Und es ist so viel in Bewegung gekommen! Unglaublich!

Mittlerweile findet sich leider kaum noch jemand, der bereit
ist, sich für die Dauer von vier Jahren in einem Gremium wie
dem Pfarrgemeinderat verbindlich zu engagieren. Deswegen
haben wir die »Sankt-Max-Werkstatt« ins Leben gerufen, in der
Freiwillige zusammenkommen, die bereit sind, sich bei einzelnen Projekten einzubringen. Bei Festen, Fahrten oder besonderen Aktionen. Das funktioniert gut.

Seit 25 Jahren trägt vieles in Sankt Max auch meine Hand-
schrift – darauf bin ich stolz. Und vor allem bin ich dankbar für
die Menschen, mit denen ich zusammensein und gemeinsam
daran arbeiten kann, dass Kirche ein Stück Zuhause ist und
wird.

Im Pfarrgemeinderat bin ich eine gefühlte Ewigkeit engagier-
tes Mitglied. Dort sind jetzt zum Glück auch viele andere, jüngere Leute am Werk. Junge Mütter und Väter, die die Bedürf-
nisse von Familien mit kleinen Kindern im Blick haben. Das
braucht es, damit es weitergeht – in den Kirchengemeinden

ebenso wie in der Gesellschaft allgemein. Die Zahlen zeigen, dass es funktioniert: Zum Kindergottesdienst an Heiligabend kommen weit über tausend Menschen zu uns in Sankt Max.

Apropos Zahlen: Ich bin ein großer Freund davon, die Besucher der Kirchengemeinde auch mal statistisch unter die Lupe zu nehmen. Vor einigen Jahren habe ich deshalb mit Zustimmung des Pfarrers eine Umfrage gestartet, weil ich wissen wollte, wer eigentlich Sonntag für Sonntag in unsere Gemeinde kommt. Eine Sache, die wir dabei festgestellt haben, ist, dass die Gottesdienstbesucher zum Teil sehr weite Wege auf sich nehmen, um in Sankt Max die Messe zu besuchen – von Eichstätt bis Regensburg reisen unsere Gäste an. Das Durchschnittsalter ist mit 40 Jahren im Vergleich zu vielen anderen Kirchengemeinden niedrig.

Besonders wichtig sind die gemeinsamen Feste. Die haben uns im Viertel und als Gemeinde mehr und mehr zusammengebracht. Wenn man mit Hunderten von Menschen gemeinsam feiert, ist dies einfach cool. Ich hab schon immer gerne viele Leute um einen Tisch versammelt, das war schon bei uns zu Hause so. Gemeinsam ein leckeres Essen vorbereiten, den Raum schmücken, den Tisch decken: Mega!

Es macht mir Spaß, die Gottesdienstbesucher immer wieder zu überraschen. Zum Patrozinium, dem Gedenktag unseres Kirchenheiligen, stehen deswegen auch gerne mal »Goaßlschnalzer« auf den Kirchenbänken. »Goaßl« ist die Bezeichnung für die Fuhrmannspeitsche, deren lederne Enden mit lautem Knallen durch die Luft gewirbelt werden. Das Schnalzen ist eine Mordsgaudi. Im Anschluss an den Gottesdienst wird Bier ausgeschenkt, gemeinsam gegessen und getrunken.

Ein besonderes Ereignis ist jedes Jahr die Osternacht. Die Gottesdienstbesucher ziehen gemeinsam in die nahezu dunkle Kirche ein. An der Osterkerze wird ein Licht angezündet, das dann weitergereicht wird, bis die Menschen überall in der Kirche brennende Kerzen in ihren Händen halten. Nach dem Gottesdienst gehen wir morgens um fünf nach draußen, um zusammen am Feuer zu stehen. In die Flammen zu schauen, die Wärme und die Gemeinschaft zu spüren – ich liebe es. Es jagt mir immer wieder einen Schauer über den Rücken, wenn wir in dieser besonderen Atmosphäre miteinander »Christ ist erstanden ...« singen in dem tiefen Wissen: Ja, wir sind wirklich frei, weil Jesus uns von allem, was uns kleinmachen will, erlöst hat. Anschließend bleiben wir noch zusammen, trinken und essen, feiern und genießen, dass die Fastenzeit zu Ende ist. Ein solches Erlebnis vergisst man nicht so schnell. Und ich freu mich jedes Mal danach schon auf das nächste Osterfest!

Als Christen miteinander und mit vielen Gästen zu feiern, das macht den Glauben aus. Ich liebe es, solche Feste und Events zu planen. Die Ideen nur so sprühen zu lassen, sich die Dinge im Vorfeld bis ins Detail auszumalen und dann in die Tat umzusetzen – das erfüllt mich. Das Hochgefühl, wenn alles klappt und wir ein gelungenes Gemeinschaftserlebnis auf die Beine stellen konnten, könnte mir der schönste Rausch nicht geben.

Zu einer einladenden Kirche gehört nicht nur die Eucharistiefeier, sondern auch das Zusammensitzen an der Festtafel oder auf der Bierbank. Kommt zu Tisch! Probiert, wie gut es schmeckt! Ja, auch die Bratwurst, der Leberkäse, die Tofu-Frikadelle, das Gemüseschnitzel, die Chinapfanne und die Käsesemmel. Im Jahr 2019 haben wir mehrere Food-Messen gefeiert. Nach dem Gottesdienst stand ein Food-Truck vor der Kirche und wir haben es uns gemeinsam gut gehen lassen.

Manchmal denke ich: Es gibt so viele Ideen, dass ein Leben vermutlich nicht ausreicht, um alle auszuprobieren. Den Kirchenraum Jahr für Jahr zu den besonderen Festtagen anders zu gestalten, Feste unter ein Motto zu stellen und sich immer wieder etwas anderes einfallen zu lassen, macht mir unbändige Freude. Und ich bekomme so viel zurück.

Vor einiger Zeit habe ich das erste Mal alle Faschingsgilden aus dem Umland von München zu einem Gottesdienst eingeladen. Es wurde ein toller Tag. Allein der Einmarsch mit Pauken und Trompeten und die prächtigen Kostüme waren eine Augenweide und ein Genuss. Ein riesiger Zug fröhlicher Menschen, die sich gefreut haben, dabei zu sein. Ungeachtet ihrer Konfessionszugehörigkeit waren es Leute, die einfach gerne feiern. In der Kirche haben wir Faschingslieder gesungen und geschunkelt: »Mer losse de Dom in Kölle.« Warum nicht?

Nebenbei wächst ein Netzwerk von Menschen, die du über das Jahr für die unterschiedlichsten Anlässe und Aufgaben ansprechen kannst. Und die sich freuen, mit von der Partie zu sein.

Auch die »Viecherlmesse«, die unser Pfarrer Rainer Maria Schießler eingeführt hat, ist ein Ereignis. Da kommen Kinder und Erwachsene mit ihren Hamstern, Wellensittichen und Hunden – manche bringen sogar ihre Lieblingsstofftiere mit – und lassen sie in der Messe segnen. Die Idee geht zurück auf den heiligen Franziskus, der den Tieren gepredigt hat, und kommt unglaublich gut an. Neben dem Weihnachtsfest ist es bei uns in Sankt Max vermutlich der bestbesuchte Gottesdienst.

*

»Da habt ihr euch wieder einmal etwas einfallen lassen«, sagt ein Typ und klopft mir dabei anerkennend mit der Hand auf den Oberarm. Lächelnd verlässt er die Kirche und geht seiner Wege. Manche sagen, dass sie jedes Mal, wenn sie zu uns in die Kirche kommen, schon auf dem Hinweg gespannt sind, was sie erwartet. So sollte Kirche sein: überraschend, beglückend, herausfordernd. Nicht jedem muss alles schmecken. Aber jeder soll wissen, dass es Auswahl für ihn gibt und wir es grundsätzlich gut mit ihm meinen.

Dem einen oder der anderen stößt natürlich auch dies und das schon mal übel auf – weil es anders ist, als »bei Kirchens« normalerweise üblich. Aber was ist schon normal?

Dass ein verliebtes Paar gesegnet wird – obwohl beide das gleiche Geschlecht haben?

Oder dass jemand bei der Eucharistiefeier eine Oblate gereicht bekommt, auch wenn alle wissen, dass er evangelisch ist? Dass wir auch die »Wiederverheirateten« nicht zurückweisen? Oder dass wir bei der Fronleichnamsprozession nicht nur vor dem Drogeriemarkt, sondern auch vor der Szenekneipe haltmachen, um mit den Menschen ins Gespräch zu kommen?

Ich will den Menschen auf Augenhöhe begegnen. Nicht nur der intellektuellen Oberschicht, sondern auch allen anderen. Dem Obdachlosen, der Hartz-IV-Empfängerin oder dem Knastbruder. Letztlich sind wir alle ein Stück weit gefangen in den Umständen, in denen wir leben. Es braucht sich keiner über den anderen zu erheben. Der eine hat keine »Freunde« mehr, weil die verschwunden sind, als es bei ihm wirtschaftlich bergab ging. Die andere sitzt ganz allein in ihrer schicken Villa. Und der Dritte verbringt die meiste Zeit seines Lebens im Büro, weil er vor lauter Erfolg nicht dazu kommt, etwas anderes zu tun, als zu arbeiten.

Wir müssen zusehen, dass wir uns frei machen von den Bildern, die wir im Kopf haben. Von der Oben-unten-Welt. Erst recht, wenn wir über Glaubensfragen sprechen. Sich als etwas Besseres zu fühlen, bloß weil man sich Christ, Pfarrer oder Weihbischof nennt, ist nicht angesagt. Die Leute müssen spüren, was uns in unserem Leben und im Sterben trägt.

Meine Devise: Lebe so, dass dich die Menschen fragen, woran du glaubst.

In Sankt Max leben wir ohne Berührungsängste. Von den Ideen und Vorstellungen anderer Menschen »angesteckt« zu werden, betrachten wir nicht als Gefahr, im Gegenteil. Wir verstehen unseren Glauben nicht als ein abgeschlossenes Werk. Die Grundfreiheit der persönlichen Verantwortung findet bei uns Heimat. Das spüren die Menschen und wir freuen uns darüber.

*

Manche unserer Aktionen kommen nicht überall gut an. Und ich weiß, dass man in bestimmten Kreisen die Nase über uns rümpft und versucht, dem Treiben Einhalt zu gebieten. Aber weil Rainer Maria Schießler inzwischen in ganz Deutschland bekannt ist wie ein bunter Hund, fährt man ihm vonseiten der Amtskirche nur selten in die Parade. Manchmal wird von offizieller Seite auch dies und das blockiert oder es werden für uns wichtige Entscheidungen immer wieder aufgeschoben. Ich nenne das mal »Spielchen«, auch wenn manches alles andere als harmlos ist und sich als Christ nicht gehört.

Regelmäßig leitet uns der Münchner Weihbischof Anfeindungen und Beschwerden, die bei ihm auflaufen, weiter. Dazu dürfen wir dann Stellung beziehen … Überhaupt gibt es via Internet und Mail relativ viel Gegenwind von konservativen Katholiken, die uns gerne mal als »Abfall des Glaubens« oder »liturgische Wildsäue« bezeichnen. Weil wir es eben nicht so machen, wie es schon vor 100 oder 200 Jahren war, sondern anders, sind wir für sie deshalb anscheinend vom rechten Weg abgekommen oder vom Glauben abgefallen. Einige behaupten, wir würden mit dem, was wir im Glockenbachviertel machen, die

73

Kirche als Ganzes beschädigen. Einmal bekam ich digitale Post, in der jemand meinte, »dass der Heiland aus dem Tabernakel herausspringen müsste«, weil ich als Homosexueller im Gottesdienst die Kommunion austeile. Ich kann jeden beruhigen: Jesus ist noch da. Und er ist dabei, wenn wir in Erinnerung an sein Liebesmahl miteinander Eucharistie feiern. Das spüre ich.

Sankt Max ist mehr als eine klassische Ortsgemeinde, es ist vielmehr eine »Leuchtturmgemeinde«, die mit ihrem Profil weit ins Umland von München ausstrahlt und Leute anzieht, die sonst mit Kirche nicht mehr viele Berührungspunkte haben. In Sankt Max haben wir alle zusammen etwas geschaffen, was es in der katholischen Kirche in Deutschland nicht allzu oft gibt. Mögen uns manche ruhig »liturgische Wildsäue« nennen – das ist es wert. Apropos Wildschweine: Mir kommt es so vor, als wären wir tatsächlich so etwas wie das gallische Dorf in der Diözese München.

Die Asterix-Comics habe ich als Jugendlicher geliebt – bis heute bewahre ich einige Hefte auf. Gleich auf einer der ersten Seiten ist immer das gleiche Bild zu sehen: eine große Lupe, durch die man ein kleines Dorf mit einer hölzernen Palisade erkennen kann. Ringsum vier bunte Zelte mit lateinischen Namen – Babaorum, Aquarium, Laudanum und Kleinbonum. So heißen die befestigten Römerlager, die verhindern sollen, dass die rebellischen Gallier irgendwelchen Unfug anrichten. Das machen sie natürlich trotzdem. Die Geschichten von Asterix und Obelix haben bei den Franzosen, aber auch in Deutschland und vielen anderen Ländern Europas, einen Nerv getroffen, weil die Geschichte, dass eine verschworene kleine Gemeinschaft von unbeugsamen Menschen den zahlenmäßig weit überlegenen Eindringlingen Widerstand leistet und am Ende gewinnt, einfach toll ist. Manchmal fühlt es sich in Sankt Max ähnlich an. Wir haben uns unsere Freiheit hart erkämpft und möchten sie unbedingt erhalten. Dass wir von einigen als Nestbeschmutzer oder sogar als Kirchenspalter gesehen werden, ist mir wurscht.

Sicher ist es wertvoll, als Ortskirche Teil einer weltumfassenden Struktur zu sein. Aber das ist für mich nicht entscheidend.

Eine Weltkirche ist schick. Aber Kirche ist vor allem die kleine Einheit vor Ort, in der die Menschen eine Heimat haben. Sollte die übergeordnete Struktur irgendwann einmal wegbrechen, ganz ehrlich, ich könnte damit leben. Und vielleicht würde dann die eine oder andere Gemeinde sogar Jesus wieder stärker in den Blick nehmen.

»Auftreten statt austreten …« ist einer unserer Wahlsprüche. Und ja, wir treten auf, geben nicht klein bei. Wir gestalten die Spielräume, die wir haben, auf ausgefallene und kreative Art und Weise. Wir provozieren mit frechen Aktionen und fordern unsere Kritiker immer wieder heraus.

Zuweilen wird uns vorgeworfen, dass es uns um reine Selbstdarstellung gehen würde.

Aber das stimmt nicht. Wir können nur nicht einfach so weitermachen wie bisher und dabei so tun, als sei alles in Ordnung. Wer schweigt, stimmt zu. Und wer nichts sagt, wird nicht gehört. Wir sprechen die Themen an, die uns und die Menschen, die zu uns kommen, wirklich interessieren. Wir klammern nichts aus und wollen Veränderung.

Dass uns irgendwann jemand sagt: »Schluss mit lustig. Jetzt wird wieder alles schön ordentlich so gemacht, wie es früher immer war …«, ja, das das ist durchaus denkbar. Aber die Kirchenoberen, die momentan das Sagen haben, wissen genau um die große Zahl von Anhängern, die unsere Gemeindearbeit und auch Rainer Maria Schießler als Person haben. Dass es einen Aufstand geben würde, wenn hier einer »durchregieren« und Verbote aussprechen würde.

Rainer kann sagen, was andere nicht auszusprechen wagen. Seine Finger in Wunden legen und sich einmischen, wenn es gilt, für etwas einzustehen, was nicht der offiziellen Kirchenordnung entspricht, aber den Menschen guttut. So lebt Rainer zum Beispiel seit vielen Jahren mit einer Frau in einer gemeinsamen Wohnung. Gunda und Rainer sprechen davon, dass sie ein Paar sind. Rainer sagt, dass er zölibatär lebt, aber nicht fürs Alleinsein geschaffen ist und die Beziehung braucht – dass sie ihm guttut.

Er hat so etwas wie Narrenfreiheit in Sankt Max, dieser Enklave der Freiheit mitten in der katholischen Hochburg München. Das hat er sich – das haben wir uns alle miteinander, die in der Gemeinde Verantwortung tragen – in den letzten zwei Jahrzehnten hart erarbeitet.

Was mir Sorge bereitet, sind die jungen Menschen, die aus der evangelikalen Bewegung stammen und oft bis ins Mark konservativ sind. Einige von ihnen sagen Sätze wie: »Sexualität vor der Ehe ist Sünde«, oder: »Gelebte Homosexualität führt in die ewige Verdammnis« – weil Jesus das angeblich gesagt hat. Belegen können solche »Rechtgläubigen« ihre Aussagen meistens nicht, auch wenn sie eigentlich für jedes Thema ein Bibelzitat parat haben. »So steht's in der Bibel« ist ein Totschlagargument. Besonders nervig ist es, wenn Menschen in Diskussionen mit dem Anspruch auftreten, dass Gott direkt zu ihnen sprechen würde und deshalb jedes Wort, das sie sagen, quasi gottgegeben wahr ist. Auch das hohe Aggressionspotenzial vieler solcher Gläubigen finde ich oft abschreckend.

6 / SCHNITTE, TIEF INS FLEISCH

Mein Verhältnis zur Kirche ist nicht ungetrübt, auch wenn ich mich vor Ort bis über beide Ohren engagiere. Es gibt Tage, da hadere ich sehr damit, wie sich der Apparat den Menschen gegenüber gebärdet.

Priester segnen Schiffe, Flugzeuge und Autos, Aufzüge in kirchlichen Verwaltungsgebäuden, Waffen, alles Mögliche. Aber ein Priester darf kein gleichgeschlechtliches Paar segnen, das seinen Bund fürs Leben bestätigt haben will. Gleichzeitig ist die Kirche längst unterhöhlt durch das, was so manche Priester alles »unter dem Radar« machen. Wie viele Priester sind heimlich mit einem Mann zusammen?! Wie viele haben sich in ihrer Einsamkeit oder aus Perversion an Kindern und jungen Männern vergangen, die ihnen anvertraut waren?! Und wie viele bezeichnen ihre Partnerin offiziell als »Haushälterin«? Eine Frau, mit der sie sogar gemeinsam in Urlaub fahren! Manche Priester, Bischöfe, Leiter katholischer Akademien und päpstliche Gesandte führen ein Doppelleben. Aber Sie wissen ja: Pssst. Genau.

*

Es gibt eine Zeit in meinem Leben, da will ich Mönch werden. Im Kloster St. Bonifaz in der Münchner Karlstraße besuche ich jeden Sonntag die Gottesdienste und verliebe mich in den

Gedanken, dort für immer zu bleiben. Abt Odilo ist ein toleranter, weitsichtiger Mann, den ich sehr schätze. Seine Predigten begeistern mich. St. Bonifaz ist die Gemeinde, in der ich mich aufgehoben fühle.

Ich arbeite im Altenheim am Dom-Pedro-Platz und träume von einem anderen Leben, das Glauben und Alltag näher zusammenbringt. Eines Tages fasse ich mir ein Herz, spreche Abt Odilo nach der Messe an und erzähle ihm, dass es mein großer Wunsch ist, ins Kloster einzutreten. Als er wohlwollend lächelt und mich einlädt, ihn in seinem Büro aufzusuchen, um zu klären, was möglich ist, kann ich mein Glück kaum fassen. Wir führen ein gutes Gespräch, das mich in meinem Beschluss nachhaltig bestärkt. Aber noch ist nichts entschieden. Nach dem »Ja« des Abtes muss auch noch der Konvent zustimmen, dass ich ins Postulat aufgenommen werde – ein halbes Jahr der wechselseitigen Prüfung.

Erst einmal wohne ich in einem kleinen Zimmer der Abtei, arbeite aber noch im Altenheim. Ein Bett, ein Schrank, ein Schreibtisch, ein Stuhl und ein kleines Waschbecken sind alles, was ich zum Leben brauche.

Die ersten Wochen im Kloster sind spannend und herausfordernd. Eine Zeit der inneren Einkehr. Die Gebetszeiten gliedern den klösterlichen Tag. Fünfmal versammelt sich die Ordensgemeinschaft. Die Vigil früh um halb sechs läutet als Morgenhore den neuen Tag ein. Die zweite Gebetszeit, die Laudes (»Lobgesänge«), folgt einer uralten Gebetstradition, in der Christus als die aufgehende Sonne begrüßt wird. Lesungen und eine längere stille Gebetszeit prägen die Mittagshore. Bei der Abendhore, auch Vesper genannt, heißt es in einer der Hymnen: *O sel'ges Licht, Dreifaltigkeit, Du ein'ger Gott von Anbeginn! Nun, da die Sonne uns verlässt, geht uns Dein Licht im Herzen auf!* Ja, das will ich!

Besonders liebe ich die Komplet, die den klösterlichen Tag be-schließt. Ein friedvoller Ausklang. Das Leben im Kloster und der geregelte Alltag tun mir gut. Ich genieße die Zeit, bis mich Abt Odilo an einem Sonntagabend nach der Messe zu sich ruft.

Er eröffnet mir, ihm sei zu Ohren gekommen, dass ich homo-sexuell sei. Dann fragt er, ob dies wahr ist. Ich bejahe seine Fra-ge und füge hinzu: »Aber das dürfte doch kein Problem sein?«

»Nein, das ist es eigentlich nicht. Aber man hat mir erzählt, du würdest nachts das Kloster verlassen und in irgendwelche Schwulenkneipen gehen.«

Ich bin völlig perplex.

»Nee, Odilo, das stimmt nicht.«

Der Abt schweigt und sieht mich durchdringend an.

»Odilo, was heißt das? Willst du mich hier im Kloster nicht haben?«

Odilo sieht kurz zu Boden, bevor er ausspricht, was ich längst befürchte: »Ich glaube, es ist besser, du wartest und klärst erst einmal deine persönliche Situation, bevor du wieder bei uns an-klopfst.«

Später stellt sich heraus, dass es ein Mitbruder war, der mich bei Abt Odilo angeschwärzt hat. Anscheinend hat sich der Typ in mich verguckt und ist zutiefst enttäuscht, weil ich auf seine zag-haften Annäherungsversuche nicht reagiere.

Dabei müsste doch klar sein: Ich will Mönch werden und su-che keine Beziehung! Was ich nicht ahnen kann, ist, dass die nicht erwiderte Liebe in Hass umschlägt, nach dem Motto: »Wenn wir nicht zusammensein können, dann will ich dich hier nicht mehr sehen.«

Die Abweisung, die ich erfahre, nimmt mich ziemlich mit. Zum Glück bekomme ich im Altenheim, wo ich zwischenzeitlich blauäugig gekündigt habe, direkt wieder eine Stelle und ein Zimmer. Aber meine Trauer ist groß, weil ich so gerne Benediktinermönch geworden wäre. Nichts wünsche ich mir sehnlicher, als im Kloster zu leben.

Einige Jahre später, ich arbeite inzwischen für unser *Projekt Positiv*, nehme ich tatsächlich noch einen zweiten Anlauf und schreibe dem Nachfolger von Abt Odilo einen Brief, weil ich immer wieder spüre, dass mir in meinem Leben etwas fehlt. So gerne würde ich in einer festen Gemeinschaft von Christen meinen Glauben leben. Von Zeit zu Zeit denke ich an die Wochen im Kloster, die Tageszeitengebete, die Gesänge, einzelne Sätze aus der Liturgie. Und dann fühle ich: »Da gehöre ich eigentlich hin.«

Manchmal kommen mir auch Zweifel, ob es wirklich der richtige Weg für mich ist, weil ich in einer festen Beziehung lebe, die ich aufgeben müsste. Aber diesen Preis bin ich bereit zu bezahlen. Irgendwann steht mein Entschluss fest und ich melde mich als Gast in St. Bonifaz an. Zunächst werde ich im Kloster, ähnlich wie beim ersten Mal, unglaublich wohlwollend aufgenommen. Man verspricht, mein Anliegen zu prüfen, signalisiert mir, dass man sich vorstellen kann, dass ich in die Gemeinschaft passe. Doch dann kommt unvermittelt doch eine Absage. Auf Nachfrage teilt man mir mit, dass es besser für mich wäre, einen anderen Weg zu wählen. Der Abt spricht nie mit mir persönlich, sondern schickt seinen Gastpater vor. Die erneute Absage trifft mich hart. Wieder einmal habe ich mir Hoffnungen gemacht, alles klang so positiv. Das schöne Bild, das ich mir von meiner Zukunft gemacht hatte, zerbricht, und ich stehe vor einem Scherbenhaufen und frage mich: Warum spricht niemand mit mir über die wahren Gründe der Ablehnung? Wieso weiß der Vorsteher der Klostergemeinschaft besser als ich, welcher Weg für mich richtig wäre?

Wie viele Mönche und Priester hadern mit ihrem Leben, leben irgendwelche sexuellen Neigungen aus – und keiner sagt etwas dazu?! Wieder einmal erlebe ich am eigenen Leib, wie doppelzüngig und wie falsch mit diesem Thema umgegangen wird.

Dass ich als Katholik kein Mönch und kein Priester werden darf, schmerzt mich sehr. Es gibt überhaupt keine theologische Begründung dafür, dass Homosexuelle kein Priesteramt ausüben dürfen. Null, null, null. Die Zurückweisung empfinde ich als zutiefst ungerecht. Deshalb klafft an dieser Stelle eine tiefe Wunde in meinem Leben.

Inzwischen habe ich mich schweren Herzens damit abgefunden, dass mich die katholische Kirche, dieser schräge Verein, in dieser Rolle nicht haben will. Ein Stück weit lebe ich auf meine Art trotzdem das, was Priestertum ausmacht. Ich habe beschlossen, der Kirche nicht den Rücken zu kehren, sondern dabeizubleiben und daran zu arbeiten, dass manches in Bewegung kommt.

Dass sich die katholische Kirche dahingehend verändert, dass ein Priestertum für Menschen wie mich möglich wird, werde ich vermutlich nicht mehr erleben. Aber ich will mir nicht nachsagen lassen, dass ich dieses Unrecht nicht angeprangert hätte. Dass ich nicht alles dafür getan hätte, etwas in die richtige Richtung zu bewegen. Ebenso wenig will ich mir nachsagen lassen, dass ich die Kirche nicht trotzdem geliebt hätte. Als Brückenbauer war ich immer an ihrer Seite. Oft unbequem, aber ich war da.

Es gibt genug Beispiele von homosexuellen Priestern, die sich haben weihen lassen und mit dieser Halbwahrheit leben. Aber Heucheln und Schweigen war nie mein Ding. Leisetreten auch nicht.

Ich weiß von einem Priesteramtskandidaten, der sich zwei Tage vor seiner Weihe umgebracht hat, weil man ihm die Zulassung verweigert hat, als bekannt wurde, dass er homosexuell sei. Der Mann hatte alle Prüfungen mit Bravour bestanden, man hatte ihm gesagt, dass er ein wunderbarer Seelsorger sei – ihm standen alle Türen offen. Und dann kam unvermittelt die Absage, weil seine sexuelle Orientierung nicht ins System passte.

Homosexualität ist aus kirchenrechtlicher Sicht keine Sünde. Aber das Ausleben von Homosexualität schon. Trotzdem gibt es Ordensmänner und geweihte Priester, die an Aids erkrankt sind. Wo haben die sich denn bloß angesteckt?

Manches kommt einem vor, wie eine Szene aus einem schrägen Bauerntheater. Aber zum Lachen ist mir momentan nicht zumute. Ganz im Gegenteil. Ich sitze auf meinem Zimmer und vergieße Tränen des Zorn und der Trauer. Denn ich stecke mitten in einer Sinnkrise.

*

Im Laufe der acht Jahre, die wir das *Projekt Positiv* betreiben, betreue ich Hunderte von Menschen mit unserer ambulanten Praxis. Dafür fahre ich montags bis samstags mit dem Auto durch die ganze Stadt, von Pontius zu Pilatus … Klingeln, nach dem Befinden fragen, Infusion anlegen, warten, bis sie durchgelaufen ist. Mal hier 'ne Portnadel legen, mal dort jemandem einen Platz im Krankenhaus organisieren, Tipps zum Umgang mit Angehörigen geben, trösten, Mut machen. Die Arbeit ist anstrengend – sowohl körperlich als auch emotional – und ich stoße in dieser Zeit immer wieder an meine Grenzen. Grundsätzlich habe ich jedoch das Gefühl, dass ich die ganze Belastung recht gut wegstecken kann. Doch dann bekomme ich eine Colitis ulcerosa, eine entzündliche Darmerkrankung, vermutlich ausgelöst durch den seelischen Stress. Das geht mit heftigen

Bauchschmerzen und Durchfall einher. Innerhalb von zwei Wochen nehme ich fast acht Kilo ab.

Ich kann nicht mehr! In den letzten Jahren habe ich viel zu viele Begegnungen mit dem Tod gehabt, habe ich zu viele Menschen sterben sehen, die mir ans Herz gewachsen sind. Jetzt spüre ich, dass ich etwas verändern muss, dass ich so nicht ewig weitermachen kann. Mit einer Freundin sitze ich zusammen und stelle fest: »Ich kann keine Sterbenden mehr sehen.« Ich muss bald irgendetwas anderes machen. Etwas, was positiv besetzt ist, was einfach nur Spaß macht.

7 / BAYERISCHE DREIFALTIGKEIT

Am weiß-blauen Bayernhimmel strahlt die Sonne. Ein toller Tag, den ich für einen Spaziergang mit meinem Hund Poison nutze. Das Glockenbachviertel ist noch etwas verschlafen, wir sind früh unterwegs. In der Klenzestraße kommen wir an einem leer stehenden Laden vorbei. Über der Eingangstür des Eckhauses hängt ein verblichenes Schild. Früher wurden hier Getränke verkauft. Ich bleibe stehen und drücke mir die Nase an der Schaufensterscheibe platt. Fliesenboden, ziemlich abgetreten; grauweiße Wände, eine kleine Stufe, die in den hinteren Bereich führt. Das Plakat »Zu Vermieten« hat meine Aufmerksamkeit geweckt, und ich denke:»Hej, die Fensterfront hat Südwestlage. Hier hat man den ganzen Tag über Sonne. Das wäre ideal.«

Von einem vorbeikommenden Typen leihe ich mir einen Kuli und schreibe die Telefonnummer, die auf dem Plakat steht, auf einen Kassenbon, den ich in meinem Geldbeutel finde. Denn ich habe die Idee, aus dem Laden ein cooles Café zu machen. Ganz spontan kommt mir der Gedanke. Und während Poison auf dem Heimweg freudig hier und da schnüffelt, kreisen Zukunftsbilder in meinem Kopf. Gäste bewirte ich für mein Leben gerne, Kuchen backen macht mir Freude. Ich male mir aus, wie der Laden voller Menschen ist, die es sich gut gehen lassen. Und ich bin derjenige, der dafür sorgt, dass jede und jeder sich wohlfühlt. Das wäre was. Darauf habe ich voll Bock.

Ein leises Stimmchen raunt mir in meinem Inneren zu: »Stephan, von Gastro hast du leider null Ahnung. Du weißt noch nicht einmal, wie man ein Tablett mit vollgefüllten Tassen am besten trägt, ohne etwas zu verschütten.« Diese Gedanken wische ich aber zur Seite. Das wird schon, auch ohne Fachkenntnisse. Ich will es einfach wissen und bin ohnehin ein wagemutiger Typ. Wer nichts wagt, der erlebt auch nichts Neues. Kaum zu Hause, rufe ich beim Vermieter an.

Der Mann reagiert verhalten. Sein »Schau mer mal …« am Ende unseres Gesprächs klingt jedenfalls nicht nach einer Zusage und lässt mich mit dem diffusen Gefühl zurück: »Das wird vermutlich nix.« Als ich nach zwei Wochen immer noch keine Antwort von ihm habe, hake ich das Thema innerlich ab. Doch dann klingelt mein Telefon, und der Vermieter ist dran: »Herr Alof, Sie war'n mir sympathisch, Sie hoam net so auf großkopfert g'macht. Sie hoam ehrlich g'sagt, sie hoam net so viel Geld, aber Sie hätten wos Spannend's vor. Des gfoid ma, wenn's Lust hoam, dann kriegen's den Laden.«

Ein wenig Geld habe ich in den vergangenen Jahren gespart, eine Bank gibt meinem neuen Geschäftspartner Christof und mir einen Kleinkredit. Den nötigen Rest pumpen wir uns bei unseren Familien und Freunden. Es geht los!

*

Die Idee, mich als Gastronom selbstständig zu machen, entsteht aus dem Wunsch nach Veränderung. Ich muss einfach mal raus aus der Geschichte mit den Sterbenden. Aids, Lungenentzündung, Hautkrebs, Schmerzpumpen und Infusionen – das will ich hinter mir lassen. Es kann sein, dass es ein totaler Flop wird, aber ich denke mir: »Wenn wir das zusammen anpacken, wird es schon irgendwie gut werden.« Das Café nenne ich nach meiner Mama – Maria. Aber vorerst erfährt Mama nichts davon.

Als Erstes machen Christof und ich uns auf die Suche nach schönem Mobiliar. Es braucht Tische, Stühle, eine Theke, einen Herd, Geschirr und eine gute Kaffeemaschine. Nach und nach suchen wir jede Menge Antiquitätengeschäfte auf, schau'n, was uns gefällt. Ich gurke auch außerhalb von München herum und stöbere an abgelegenen Orten einiges auf. Wir kaufen einfache alte Holztische, die natürlich etwas aufpoliert werden müssen. Von einem Freund lasse ich Hocker bauen. Einfach soll die Einrichtung sein – und irgendwie »erdig«, nicht so'n Schicki-Micki-Gelump, was nach einem Jahr die Grätsche macht. Das Einfache hat mir immer schon gefallen – auch das habe ich mir von meinem Vater abgeschaut, einem soliden Handwerker, der schlicht-schöne Werkstücke fertigt.

Ein Schreiner baut im Café eine Theke ein, die an ein Regal in einem alten Tante-Emma-Laden erinnert. Auch eine hölzerne Maria-Statur stellen wir auf. Wenn man die Strahler anschaltet, sieht das alles absolut cool aus. Die netten Kleinigkeiten machen den Unterschied: Hier ein freches Bild, dort ein altes Teil vom Flohmarkt – das *Café Maria* steckt voller Überraschungen. Unsere Gäste sorgen später stetig für zusätzliches Flair. Aus jedem Winkel der Welt, den sie besuchen, bringen sie uns Marienfiguren mit. Aus Mexiko, Spanien, Frankreich oder den Vereinigten Staaten. Britischer Tudor Style und Gelsenkirchener Barock, für Touristen produzierte Herrgottswinkel-Folklore und neue Sachlichkeit dicht an dicht. Kleine und große Figuren, bunt bemalt oder bedruckt. Fabrikneu oder handgearbeitet und abgegriffen. Aus Holz, Kunststoff oder Metall. Im Laden richten wir eine Devotionalienwand ein. Alles findet bei uns im Café seinen Platz: Schönes, Kitschiges, manchmal auch berührend Schlichtes.

Inspiration und Ideen finde ich überall – auf Reisen und zu Hause. Ich war schon immer ein kreativer Kopf. Das ist eine Gabe, die einem geschenkt wird. Eine gute Ästhetik ist mir wichtig. Räume zu gestalten oder Essen schön auf dem Teller herzurichten, dass es eine Pracht für das Auge ist, das mag ich. Im Laufe der Zeit habe ich einen eigenen Style entwickelt.

Die Gäste kommen wegen der guten Küche, aber auch wegen der Gemütlichkeit, die bei uns herrscht. Mein Wunsch ist, dass die Leute in unser Café reingehen und sich direkt wohlfühlen, weil alles liebevoll gestaltet ist. Als wäre es ein Wohnzimmer. Dass die Gäste merken, mit wie viel Herzblut wir versucht haben, aus allem das Beste zu machen.

Irgendwann frage ich meine Eltern ganz nebenbei: »Wollt ihr nicht mal wieder bei mir in München vorbeikommen?« Als meine Mutter vor dem Laden steht und das Firmenschild sieht, ist sie einen Moment lang sprachlos und lacht dann lauthals. Anschließend erklärt sie mich für verrückt.

*

Ich übernehme in der Anfangszeit erst einmal selbst die Küche, backe und koche, wirble von früh bis spät zwischen Rührschüsseln, Schneidebrett, Ofen und Herd. Hantiere mit Tellern, Tassen, Töpfen und Pfannen. Auch wenn wir den Laden Café nennen, gibt's deftige Gerichte: gefüllte Paprika, Schweinsbraten, Gulaschsuppe. Wir haben derart viele Reservierungsanfragen, dass wir kaum hinterherkommen. Deshalb zögern Christof und ich nicht lange, als zwei Jahre später gegenüber in der Klenzestraße ein Lokal frei wird, und greifen zu. Nur wenige Monate vergehen, bis das *Josef* seine Tür öffnet. Klar, dass die Bar augenzwinkernd nach dem biblischen Partner von Maria benannt ist.

Zur Eröffnung kommen an die 1000 Leute. Blitzschnell hat es sich herumgesprochen, dass eine coole Location die Türen öffnet. Drei Jahre danach setzen wir noch einen drauf und machen die bayerische Dreifaltigkeit komplett: Im selben Haus, in dem auch das *Café Maria* untergebracht ist, eröffnen wir die Eisdiele *Jessas*.

Einige Jahre bin ich geschäftlich mit Christof unterwegs. Dann steigt mit Fabian ein neuer Geschäftspartner ein. Gemeinsam bauen wir weitere Läden auf: die *Gruam* – das sündige Absturzeck am Großmarkt, das kunterbunte Varieté *Pigalle* (eine ehemalige Table-Dance- Bar) und das Wirtshaus *Maximilian.*

Neue Locations habe ich nie gesucht, sondern meist angeboten bekommen, weil sich inzwischen in der Stadt herumgesprochen hat, dass ich ein Händchen dafür habe, etwas Cooles zu entwickeln. Bei der *Gruam* war es anders. Eines Abends bin ich durch die Thalkirchener Straße gefahren und dabei an einem leer stehenden Laden vorbeigekommen. Ein flaches Gebäude, schwarzer Rauputz, direkt an einer Bahnunterführung. An der Tür prangte ein Schild: »Zu vermieten«. Kurzerhand habe ich angehalten und das Teil ohne zu zögern heruntergerissen und ins Auto geworfen – damit bloß niemand auf die Idee kommt, vor mir die Nummer zu wählen und sich diesen Wahnsinnsort zu sichern.

Die Kneipe wirkte nicht nur wie eine Räuberhöhle – sie war lange Jahre tatsächlich eine. Hier trafen sich zwielichtige Gestalten, Kleinkriminelle, Prostituierte und der Zuhälter. Und nun stand die *Gruam* also leer. Da konnte man was draus machen, da war ich mir sicher!

Auch in diesem Fall konnte ich mich auf meinen Instinkt verlassen. Mein Geschäftspartner Fabian war sofort begeistert und mit von der Partie. Oft hilft es, weniger zu fragen, sondern einfach mal zu machen.

Weil wir für all diese Gaststätten richtig gutes Brot und leckeren Kuchen auf den Tisch bringen wollen, eröffnen Fabian und ich die *Bäckerei Alof.*

Auch dass vernünftiges Fleisch auf den Tisch kommt, ist mir wichtig. Denn es darf nicht sein, dass Tiere leiden müssen, damit am Ende des Tages ein Kilo Fleisch möglichst günstig angeboten werden kann. Das muss aufhören! Mit dem Kauf von Billigfleisch (manchmal kostet das Kilo nur 2,50 Euro!) entscheiden wir selbst, dass Tiere unter schlimmen Bedingungen gehalten werden. Denn die Nachfrage bestimmt das Angebot.

Im *Café Maria* verteilen wir deshalb einmal einen Fragebogen an die Gäste, weil ich wissen will, wie viele bereit wären, einen höheren Preis für das Mittagessen zu bezahlen, wenn wir Biolebensmittel verwenden. Leider spricht sich die Mehrzahl der Gäste gegen eine Preiserhöhung aus. So lässt sich mein Vorhaben nicht in die Tat umsetzen.

Muss es überhaupt jeden Tag Fleisch geben? In der Generation meiner Eltern und Großeltern kam nur einmal in der Woche, nämlich sonntags, Fleisch auf den Tisch. Das war mal ein Braten, mal ein Schnitzel, Leberkäse oder Fleischpflanzerl. Fleisch war teuer – und etwas Besonderes. Das hat sich in den vergangenen 40 Jahren mit fortschreitender Massentierhaltung geändert. Morgens eine dicke Scheibe Wurst aufs Frühstücksbrot, mittags Pasta mit Bolognesesauce, abends wieder ein Stück Fleisch. Für viele Menschen ist das inzwischen nahezu Standard. Aber das können wir uns auf Dauer als Gesellschaft nicht mehr leisten. Der Preis ist einfach zu hoch: schreckliche Lebensbedingungen für die Tiere und ein kaum wiedergutzumachender Schaden an der Umwelt. Die ökologische Uhr unseres Planeten läuft ab. Wir müssen dringend umdenken.

*

Mittlerweile arbeiten in den verschiedenen Betrieben um die 90 Mitarbeiter. Schließlich übernehmen Fabian und ich auch noch die Bewirtschaftung der Fraunhofer-Kantine. Das ist natürlich ein Riesending. Von einem auf den anderen Tag steigen wir in die Großgastronomie ein. Das Frauenhofer-Institut hat in München 1400 Mitarbeiterinnen und Mitarbeiter. Und die wollen jeden Tag satt werden. Das alles in so kurzer Zeit auf die Kette zu bringen und am laufenden Meter neue Betriebe zu gründen klingt verrückt, ist es auch.

Das *Josef* entwickelt sich im Laufe der Zeit zu einer tollen Eventlocation, in der viele Geburtstage und Hochzeiten gefeiert werden. Die gute Seele des Hauses ist Kiki, die leidenschaftlich kocht, kreative Ideen entwickelt und den Laden am Laufen hält. Ihr Umgang mit den Gästen, ihre herzliche, offene Art sind unvergleichlich! Für ihren gigantischen Einsatz bin ich ihr unheimlich dankbar.

*

Nach wie vor bin ich ehrenamtlich in St. Max engagiert, arbeite weiterhin in der Verwaltung von *Projekt Positiv,* habe zahlreiche Locations am Laufen und lebe in einer Beziehung … Viele fragen mich: Wie bekommst du das alles unter einen Hut?

Für mich ist alles eine große Einheit. Es gibt zahlreiche Berührungspunkte und Querverbindungen: So findet im *Café Maria* im Anschluss an unsere Fronleichnamsprozession immer ein Frühschoppen statt. Und auf der Straße vor dem Café feiern wir auch einmal eine heilige Messe. Rainer Schießler weiht alle Läden ein und stellt später im *Wirtshaus Maximilian* auch sein erstes Buch »Himmel, Herrgott, Sakrament« vor, das ein echter Bestseller wird.

Inzwischen habe ich mit Fabian eine eigene Marke mit dem Namen »Jessas, Maria und Josef« gegründet und eintragen lassen. Die Idee ist, unter diesem Label verschiedene Produkte zu entwickeln und zu vertreiben. Außergewöhnlich schöne Sachen, die uns selbst Spaß machen. Wir beginnen mit schicken Tassen, dann bringen wir eine eigene Kaffeemischung auf den Markt, exklusiv für uns von einer bayerischen Rösterei hergestellt. Von Anfang an habe ich auch Klamotten mit dem Markennamen »Jessas, Maria und Josef« im Blick. Das umzusetzen ist nicht einfach. Immerhin gibt es jetzt ein Sortiment an Unterhosen … schön schräg. Solche Ideen kommen mir übrigens nicht am Schreibtisch, sondern häufig beim Spazierengehen. Oder ich werde morgens wach und denke: »Das muss ich machen!« Und dann schau'n wir mal, ob's klappt.

Manche meiner Geschäftspartner müssen vermutlich manchmal schlucken, weil ich so viel Zeit in meine ehrenamtlichen Aktivitäten stecke. Die Arbeit im Pfarrgemeinderat, als Kirchenpfleger sowie manches mehr braucht enorm viel Zeiteinsatz. Fast jeden Tag bin ich für die Gemeinde unterwegs. Für die Menschen, die mit mir zusammen arbeiten und leben, ist es herausfordernd, dass ich jeden Sonntag vormittags keine Zeit habe, weil ich zur Messe gehe und anschließend mit Gottesdienstbesuchern quatsche. Doch es ist mir wichtig, in der Gemeinde präsent zu sein. Die Leute sollen sehen, dass es Menschen gibt, die immer da sind und auf die man sich verlassen kann.

Über einen mangelnden Einsatz in Sachen Gastro kann sich trotzdem niemand beklagen. Wie ein hyperaktives Eichhörnchen bin ich im Café, in der Eisdiele, der Bäckerei und an allen anderen Orten unterwegs und engagiere mich über alle Maße von früh bis spät.

Dass all diese Betriebe in relativ kurzer Zeit entstanden sind, grenzt für Außenstehende beinahe an ein Wunder. Und ich frage mich manchmal auch: Warum hast du das gemacht? Warum tust du dir derart viel Stress an und gönnst dir so wenig Pausen? Hätte nicht *ein* Laden zum Leben gereicht? Wäre die Kombination aus Café, Eisdiele und Eventlocation nicht genug gewesen?

Sicher hat mein Drang, immer wieder Neues auszuprobieren und den Aktionsradius zu vergrößern, auch damit zu tun, dass es mich reizt, die Grenzen auszutesten. Gerade wenn alle sagen: Das geht nicht, denke ich: Jetzt erst recht! Du schaffst das, du kannst das. Vielleicht hängt das damit zusammen, dass mich meine Erkrankung als Kind und Jugendlichen häufig ausgebremst hat und ich meine Freiheiten heute umso mehr genieße. Nach dem Motto: Jetzt zeig ich euch allen, was in mir steckt.

Mittlerweile bin ich aber in einem Alter, in dem ich mir und anderen nichts mehr beweisen muss. Einiges von dem, was ich mit aufgebaut habe, habe ich deshalb auch wieder abgegeben. Grundsätzlich habe ich wenig Probleme damit, mich von Projekten zu verabschieden. Alles hat schließlich seine Zeit, und so schön etwas ist, muss man auch loslassen können.

Vor einigen Jahren habe ich mich vom *Café Maria* getrennt. Als ich den Entschluss im Freundeskreis bekannt gegeben habe, haben mich viele gefragt: »Wie kannst du nur? Das ist dein Flaggschiff, damit hast du begonnen, das darfst du nicht aufgeben!« Als ob ich Dagobert Duck wäre und das Café mein erster selbstverdienter Taler. Aber ich habe gespürt, dass es schwierig wurde, all den Anforderungen in einer Weise gerecht zu werden, die sie verdienen. Außerdem geht es mir häufig so, dass, wenn ich etwas zum Laufen gebracht habe, der Reiz ein wenig nachlässt. Vielleicht hätte ich, statt eine Gastro-Location nach der anderen aus dem Boden zu stampfen, eine Agentur gründen sollen, um meine zahlreichen Ideen zu vermarkten. Eine Art gastronomisches Kreativbüro, weil's einfach nur so aus mir gesprudelt hat.

Bei all der Freude über das Leben habe ich natürlich auch immer wieder Tiefschläge kassiert. Denn es ist leider nicht so, dass immer alles rund gelaufen wäre. Manchmal bin ich auch ordentlich auf die Schnauze gefallen …

Zusammen mit einem deutschen Fernsehkoch hatten Christof und ich uns an einem gehobenen Gastrokonzept versucht und das Restaurant *Rubico* gegründet. Anfangs lief es gut an, wir hatten viel Zuspruch. Dann merkten wir, dass am Monatsende Verluste aufliefen. Die wurden immer größer …

Manchmal kann man nichts machen: Ist der Wurm erst mal drin, hast du keine Chance mehr. Dann hilft nur eins: eine Vollbremsung. Denn wie hat es Otto Walkes einmal in seinem Sketch mit der Vase so schön auf den Punkt gebracht? »Je länger das Sssssssscht, desto lauter das Bummmms …«

Obwohl wir den Laden in den letzten Monaten mühsam aufgebaut und wirklich schön eingerichtet haben, wurde es Zeit, die Reißleine zu ziehen. Inzwischen war das Konto mit 100 000 Euro in den Miesen. Schweren Herzens haben wir deshalb die Idee mit der »gehobenen Gastro« beerdigt. Ein paar Jahre lang hieß es anschließend für uns Schulden abbezahlen.

Wenn etwas derartig schiefgeht, dann muss man sich immer wieder sagen: Es geht auch weiter. Und: Nimm dich selbst nicht so wichtig. Ich verstehe so manche Leute nicht, die sich scheinbar als eine Art Mittelpunkt der Welt betrachten. Ich bin gerne ein Macher, ein Impulsgeber und habe Spaß dabei, etwas in Bewegung zu bringen. Aber ich kann auch in die zweite Reihe zurücktreten, wenn die Zeit dafür gekommen ist.

Im Buch Prediger im Alten Testament heißt es im dritten Kapitel: *Alles hat seine Stunde. Für jedes Geschehen unter dem Himmel gibt es eine bestimmte Zeit: eine Zeit zum Gebären und eine Zeit zum Sterben, eine Zeit zum Pflanzen und eine Zeit zum*

Ausreißen der Pflanzen, eine Zeit zum Töten und eine Zeit zum Heilen, eine Zeit zum Niederreißen und eine Zeit zum Bauen, eine Zeit zum Weinen und eine Zeit zum Lachen, eine Zeit für die Klage und eine Zeit für den Tanz; eine Zeit zum Steinewerfen und eine Zeit zum Steinesammeln, eine Zeit zum Umarmen und eine Zeit, die Umarmung zu lösen, eine Zeit zum Suchen und eine Zeit zum Verlieren, eine Zeit zum Behalten und eine Zeit zum Wegwerfen, eine Zeit zum Zerreißen und eine Zeit zum Zusammennähen, eine Zeit zum Schweigen und eine Zeit zum Reden, eine Zeit zum Lieben und eine Zeit zum Hassen, eine Zeit für den Krieg und eine Zeit für den Frieden. (…)

Zu wissen, dass alles seine Zeit hat und dass man nichts festhalten kann im Leben, schenkt mir eine große Gelassenheit in all meinem Tun – und im Zurücklassen!

*

Das mit dem *Rubico* war eine heftige Erfahrung. Aber auch die anderen Unternehmungen beschäftigen Christof und mich ziemlich. Als wir an immer mehr Orten aktiv sind, ist es zunehmend schwierig bis unmöglich, meinen eigenen Qualitätsanspruch durchzuhalten. Am Anfang ging das noch recht gut, als wir nur das *Café Maria*, das *Josef* und die Eisdiele *Jessas* zu bewirtschaften hatten. Aber irgendwann habe ich definitiv zu viele Bälle gleichzeitig in der Luft. Das Ganze ist nicht nur megaanstrengend, es ist schlichtweg nicht mehr zu stemmen. Du kannst nicht jeden Tag in sieben, acht Läden gleichzeitig präsent sein. Deswegen beschließe ich, ein paar Gänge zurückzuschalten, klinke mich nach und nach aus den meisten Betrieben aus und übergebe alles geordnet an Fabian.

Die Zeit in der Gastro war ein echter Monstertrip, eine un-glaublich spannende Zeit, die ich definitiv nicht missen möch-te. Es hat unglaublichen Spaß gemacht, und ich freue mich, dass die Läden bis heute weiterleben und andere den Betrieb fort-führen. Aber Gastronomie ist ein hartes Geschäft, und ich hatte eines Tages genug, das alles in einem solchen Ausmaß zu betrei-ben. Ich spürte: Jetzt kommt etwas Neues. Bevor der Spaß am Kochen oder die Lust, Gäste zu bewirten, ins Hintertreffen ge-raten, hörst du auf.

Mit dem, was ich in den vergangenen zwei Jahrzehnten ge-macht habe, bin ich Schritt für Schritt an meine Grenzen gesto-ßen. Nun merke ich: Ich muss mich schützen, damit ich nicht draufgehe. Die Verantwortung für so viele Mitarbeiter zu tra-gen, die Finanzen im Blick zu behalten, jede Menge zu organi-sieren – das kann zur Last werden.

Ich bin kein Mann der Zahlen, sondern viel eher der kreative Kopf – um das Wort »Künstler« zu vermeiden. Wenn ich eine neue Location einrichte, interessieren mich Formen und Far-ben, spannende Materialien, interessante Oberflächen, die dem Betrachter schmeicheln. Mich reizt die Kombination aus wei-chen Stoffen, rauem Holz und unbehandeltem Metall, das nach kurzer Zeit eine tolle Patina ausstrahlt. Die Wirkung von Lam-pen, die einen warmen Schein verbreiten, oder von hellen Spots, die etwas ins rechte Licht setzen – das weckt mein Inte-resse. Ich richte gerne Räume ein mit schönen Dingen, an denen das Auge hängen bleibt, damit die Seele aufatmen kann. Klar weiß ich, dass am Ende all das auch finanziert werden muss. Ich bin froh, wenn genügend Geld auf dem Konto ist, aber wie das dahin kommt und was alles damit zusammenhängt, ist für mich wenig durchschaubar. Das soll nicht heißen, dass ich diese Ar-beit nicht zu schätzen wüsste: Mir ist völlig klar, dass es wahn-sinnig viel Mühe macht, in Sachen Finanzen den Überblick zu behalten und dafür zu sorgen, dass die Mitarbeiter am Monatsende ihr Gehalt rechtzeitig auf dem Konto haben und alle Lieferanten pünktlich ihr Geld bekommen. Zum Glück hatte ich immer einen Geschäftspartner, der mir das Finanzthema und die Verwaltung weitgehend abgenommen hat.

Es hat Zeiten gegeben, da habe ich von der Hand in den Mund gelebt, und andere, in denen ich etwas Geld ansparen konnte. Sich in der Gastronomie zu engagieren, ist immer ein finanzielles Wagnis. Es gibt keine Garantie, dass ein Lokal, das du aufmachst und in das du erst mal viel Geld investieren musst, am Ende gute Ergebnisse liefert. Letztlich ist es der »Spirit«, der in so einem Laden drinsteckt, die Art und Weise, wie du ihn führst, die den Ausschlag gibt und über Erfolg oder Misserfolg entscheidet. Etwas, das man nur sehr schwierig planen kann.

Die Corona-Pandemie hat alle total gefordert. Monatelang lief in der Gastronomie nicht viel, man musste zusperren, und der Abholservice hat nur bedingt geholfen, die Miete und das Personal zu bezahlen. Ich habe im Frühjahr, als es den ersten Lockdown gab und in München die meisten Räder stillstanden, den Betrieb im *Josef* umgestellt und einen Pizzaabholservice und einen Lieferdienst angeboten. Die Pizzen haben wir nach Straßen bei uns im Viertel benannt. Das hat den Kunden sichtlich Spaß gemacht.

Mit dem Pizzaservice konnte ich nebenbei sogar Künstlern etwas Gutes tun. Auch die Musiker und Künstler hatten ja durch die vielen Beschränkungen, die helfen sollten, die Ausbreitung des Virus einzudämmen, von einem auf den anderen Tag nichts mehr zu tun. Also habe ich mehrere von ihnen bei mir angestellt. Um den Pizzateig herzustellen und zu belegen, brauchte ich schließlich Helfer. So ist zum Beispiel Fanny zu uns gekommen, eine Cellistin, die sonst oft mit Konstantin Wecker auf Tournee ist.

Wir haben beim Pizzamachen einen coolen Style entwickelt, der bei den Kunden total gut angekommen ist. Das mit der Pizza hätte auf Dauer ein Erfolgskonzept werden können. Aber es blieb letztlich doch wieder zu viel an mir hängen. Und ich hatte ja schon länger beschlossen, dass für mich etwas Neues beginnen soll.

Das, was war, lasse ich mit viel Dankbarkeit und ohne eine Träne hinter mir. Ich spüre, dass ich mich neu sortieren möchte und jetzt etwas anderes dran ist. Zwar kann ich momentan noch nicht genau sagen, was das ist, aber ich bin neugierig auf alles, was noch kommt. Eines weiß ich genau: Es ist für nichts zu spät, noch einmal neu anzufangen, solange wir leben.

8 / ES IST NICHT ALLES GOLD, WAS GLÄNZT

Vor Jahren habe ich einen Indiana-Jones-Film gesehen: »Der letzte Kreuzzug«. Harrison Ford und Sean Connery spielen in den Hauptrollen. Dieser letzte Teil der von Steven Spielberg inszenierten Indiana-Jones-Trilogie dreht sich um die Suche nach dem Heiligen Gral; dem Kelch, mit dem Christus das letzte Abendmahl mit seinen Jüngern gefeiert hat. Der Legende nach wurde darin später auch das Blut des Gekreuzigten aufgefangen.

Wer aus diesem Becher trinkt, so die Überlieferung, wird mit ewigem Leben belohnt. Das glaubt auch Walter Donovan, ein fieser Schurke, und begibt sich auf die Suche nach dem Gral. Indiana Jones und seine Freunde machen sich ebenfalls auf die Suche und wollen verhindern, dass das kostbare Objekt in die Hände dieses Fieslings gerät. Eine wilde Jagd führt von den Vereinigten Staaten über Venedig, Deutschland und Österreich bis in den Nahen Osten. Schließlich erreichen die beiden rivalisierenden Gruppen den Gralstempel inmitten einer Wüste. Nachdem es Donovan gelingt, Indiana zu überrumpeln, zwingt er ihn, auf dem mit Fallen gespickten Weg durch den Tempel voranzugehen. Nur unter größten Anstrengungen kann Indiana den tödlichen Gefahren entgehen. Endlich erreichen sie die Schatzkammer. Dort wacht seit Jahrhunderten ein Ritter. Wer den Heiligen Gral sein Eigen nennen möchte, muss eine letzte Prüfung bestehen: Unter Dutzenden von Kelchen und Schalen gilt es, den richtigen Becher zu finden. Einer ist schöner als der andere – aus Gold und Silber gefertigt, mit Edelsteinen besetzt, wunderbar verziert. Welchen dieser vielen Kelche hat Christus wohl beim Abendmahl mit seinen Jüngern benutzt? Die Spezialistin Dr. Elsa Schneider zeigt auf einen goldenen Becher, reich verziert mit Diamanten. Donovan trinkt begierig daraus. Eine fatale Fehlentscheidung, denn es ist der falsche Kelch. Der Fiesling altert innerhalb von Sekunden und zerfällt dann zum Entsetzen aller zu Staub. Nachdem Donovan erledigt ist, muss Indiana Jones seinerseits eine Wahl treffen. Er will den Kelch gar nicht für sich, sondern für seinen schwer verletzten Vater, den er retten möchte. Statt zu einem der prachtvollen, reich verzierten Becher greift Indiana zu einem einfachen, aus Holz geschnitzten Kelch. Er ist sicher, dass Jesus als Handwerker am ehesten ein solches Gefäß benutzt hätte. Zuversichtlich gibt Indiana seinem Vater aus dem Kelch zu trinken – und behält recht. Sein Vater wird wieder gesund, und Indiana hat den Heiligen Gral gerettet.

*

Vor einiger Zeit habe ich die Gottesdienstbesucher in Sankt Max mit auf eine innere Reise genommen. In meiner Fürbitte habe ich gesagt: *Stellt euch vor, wir fahren zusammen nach Rom, ziehen über die Via della Conciliazione zum Petersplatz und versammeln uns dort mit Blick auf die päpstlichen Gemächer. Stellt euch weiter vor, Jesus von Nazareth würde heimlich zu unserer Gruppe dazustoßen. Wir würden gar nicht merken, dass er's ist, weil er normal gekleidet ist. Jesus würde sich alles in Ruhe ansehen: den Papst unter dem prunkvollen Baldachin, die Schweizer Garde, die den Heiligen Vater mit Hellebarden, Schwertern und Maschinenpistolen bewacht. Die versammelten Kurienkardinäle,*

Bischöfe und Weihbischöfe in ihren edlen Gewändern. Den Petersdom mit all seiner Kunst und die anderen ehrwürdigen vatikanischen Bauten. Was würde Jesus dazu sagen? Was glaubt ihr?

Nach einem Moment der Stille habe ich dann eine Fürbitte gesprochen:

Lieber Gott,
schenke der Kirche und jedem Einzelnen von uns die
Bereitschaft, in dieser Zeit neue Wege zu gehen. Vieles
infrage zu stellen – auch die eigene Kirche, die eigene
Gemeinde, das eigene religiöse Leben.
Was würdest Du, Gott, zu alldem sagen?
Sind wir auf dem richtigen Weg?
Ist dies noch der Weg des Jesus von Nazareth?
Ist dies noch seine Kirche?
Bin ich selbst noch auf dem richtigen Weg?
Gott unser Vater, wir bitten dich, erhöre uns.

*

Ja, was würde Jesus zu all dem sagen, was wir in seinem Namen tun oder lassen? Zu Prunk und Macht, Glanz und Gloria, kostbaren Messgewändern und goldenen Abendmahlskelchen in den Kathedralen dieser Welt? Zu den Diskussionen, ob Wiederverheiratete an Eucharistiefeiern teilnehmen oder Frauen Priesterinnen werden dürfen? Und wie würde er sich in den Auseinandersetzungen, ob Katholiken und Protestanten zusammen Gottesdienst feiern dürfen, verhalten? Eines ist sicher: Zeitlebens hat Jesus keine materiellen Schätze zusammengetragen. Er und eine Jünger sind als Habenichtse über Land gezogen, immer in der Hoffnung, dass sie jemand zum Essen einlädt und ihnen einen Schlafplatz anbietet. In der Regel hat der Meister mit seiner wachsenden Schar von Anhängern vermutlich einfach unter freiem Himmel übernachtet. Auch sonst war Jesus einer, der aus der Reihe tanzte. Was die Hohepriester, die Religionsgelehrten seiner Zeit, an Regeln aufstellten, hat er oftmals relativiert oder komplett zurückgewiesen. Das einzig wichtige Gebot, die Messlatte für alle Fragen, war für ihn stets die Liebe. Als die Schriftgelehrten von ihm forderten, ein Urteil über eine Frau zu sprechen, die ihre Ehe gebrochen hatte (und der deshalb nach dem Gesetz die Steinigung drohte), sagte Jesus: »Wer von euch ohne Sünde ist, der werfe den ersten Stein.«

Jesus war ganz anders als die religiösen Anführer, die damals das Sagen hatten. Er verzichtete auf Macht und Gewalt, auf Ruhm und Ehre. Jesus war vor allem ein Liebender.

Wenn ich heute auf die Kirche schaue, denke ich manchmal: Das kann doch alles nur ein schrecklicher Irrtum sein. Die ganze Hierarchie, die prunkvolle Ausstattung, das machtvolle Agieren der klerikalen Wortführer in den Amtsstuben der Kirchenverwaltung, in den Domkapiteln der Bistümer und im Vatikanstaat – das ist doch alles nicht im Sinne des Erfinders. Kirchengeschichte hin oder her, wir müssen uns komplett neu aufstellen und in mehrerlei Hinsicht zu den Wurzeln zurückkehren.

Wenn wir Jesus von Nazareth als Mitte des Glaubens und des Lebens betrachten, dann wird uns schnell klar, welche Prioritäten wir setzen sollten. Indem wir seine Bergpredigt als Messlatte für unser Handeln ins Zentrum rücken, sehen wir, worauf es wirklich ankommt: Barmherzigkeit, Frieden, Gerechtigkeit, der Blick für den Nächsten, grenzenlose Liebe. Und eben nicht fromm kaschierte Abgrenzung, Hass und Gewalt im Namen des Glaubens!

Wenn wir das, was Jesus uns vorgelebt hat, als Kern des christlichen Lebens ernst nehmen, wird vieles nicht so bleiben können, wie es ist.

Leider lassen wir es oft nicht zu, dass Gottes Geist in uns oder in unserer Kirche wirkt, weil wir viel zu viel Angst haben, dass er dann alles auf den Kopf stellen könnte. In einer Kirche, die in jahrtausendealten Strukturen festhängt, ist es schwer, die Botschaft der Freiheit zu leben. Wir ersticken das Feuer der Begeisterung unter einem Wust von Vorschriften.

Augustinus sagt: »In dir muss brennen, was du in anderen entzünden willst.« Dieses Brennen fehlt allzu oft. Dabei sollte es doch eigentlich so sein, dass durch Christinnen und Christen jetzt schon der Himmel auf Erden zu spüren ist. Dass wir, indem wir Liebe austeilen und den Spuren Jesu folgen, die Welt verändern.

Wenn Menschen nach einem Gottesdienst sagen: »Mei, tuat des guat. Des tuat so guat!« – dann geht mir das Herz auf, denn dann haben wir schon viel erreicht: Gott ist erfahrbar geworden. Darum geht es doch in der Kirche.

*

Bitte nicht falsch verstehen: Nur weil etwas alt ist, heißt das nicht, dass es schlecht ist. Es geht letzten Endes immer um die Frage: Hilft das den Menschen? Wird Gott dadurch erfahrbar? Deshalb bewahren wir in Sankt Maximilian bestimmte Formen des Glaubens sehr bewusst. Dazu gehört, dass wir die großen christlichen Feste mit allem Drum und Dran feiern. Auch altes Liedgut ist ein besonderer Schatz: Ich bekomme Gänsehaut, wenn ich in einem Gottesdienst einen guten Bach-Choral höre. Orgelmusik passt gut zur Kirche. Und dennoch muss die Art und Weise, wie wir Gottesdienste zelebrieren, immer wieder erneuert werden, damit es für die Menschen von heute passt. Viele Jüngere lieben Rockmusik, ein fetziges Gitarrensolo oder den Klang eines E-Pianos. Warum sollen sie diese Musik nicht auch in der Kirche zu hören bekommen?

Wenn wir über Ausdrucksformen sprechen, die Zukunft haben, dann müssen wir auch unsere Sprache betrachten. Es ist sehr wichtig, dass wir im Gottesdienst wieder normal mit den Menschen sprechen. Vorgefertigte Gebete sind schön und gut – aber wie wichtig ist es, etwas frei zu formulieren, wenn wir mit Gott in Beziehung treten!

Unter den Traditionen der Kirche gibt es Beeindruckendes, aber auch so manches Befremdliche. Uralte Choräle, deren Texte für Menschen von heute unverständlich sind. Wer spricht noch von »dargebracht«, »gebenedeit«, »geläutert« oder »versündigt«? Aber es gibt eben auch Traditionen, von denen wir zehren und die bleiben – einfach weil sie zeitlos schön sind und die Menschen immer wieder neu ansprechen. Wir haben mit der Liturgie einen wahnsinnig schönen, über Jahrhunderte geprägten Schatz, den ich nicht achtlos über Bord werfen möchte. Ich finde eine geordnete Liturgie wichtig, denn sie tut vielen Menschen und auch mir selbst gut. Wir brauchen einen gewissen festen Rahmen, eine Ordnung, damit wir uns zurechtfinden. Wenn jede Woche alles anders wäre, würde das die Menschen völlig überfordern, und das Eigentliche geriete aus dem Blick.

Ich will versuchen, das von unseren Vorfahren Überlieferte mit neuem Leben zu füllen. Gemeinsam mit allen kreativen Köpfen aus der Gemeinde zu überlegen, wie dies gelingen könnte, ist eine wunderbare Aufgabe. Dabei versuche ich mir immer klarzumachen: Relevant ist für die Menschen nur das, was mit ihrem eigenen Erfahrungshorizont zu tun hat.

*

Jesus hat sich zu den Menschen, die ihn brauchten, hinabgebeugt, um ihnen auf Augenhöhe zu begegnen. Denn nur so entstehen Vertrauen und Beziehung.

Wenn Rainer Schießler beim Predigen durch die Reihen geht, ist dies ein wichtiges Zeichen, denn es signalisiert: »Ich bin einer von euch. Wir gehören als Gemeinde zusammen.«

Der Altar, auf dem wir das Zeichen der Liebe feiern, die Eucharistie, sollte stets im Zentrum stehen. Wenn Jesus uns einlädt, Gemeinschaft mit ihm zu haben, dann müssen alle dabei sein dürfen, die dies wünschen.

Kirche muss, das steht für mich fest, immer wieder neu gedacht werden. Ich träume von einer Kirche, die nicht versucht, durch prunkvolle Räume zu beeindrucken, sondern durch Fantasie. Eine Gemeinschaft, die von sich reden macht, weil sie den Menschen im Viertel mit Liebe begegnet. Ein Priester, der sich dadurch auszeichnet, dass er nicht über der Gemeinde steht, sondern nah bei den Menschen ist. Einer, der eher in Sandalen kommt als im Mercedes.

Der Synodale Weg der Katholischen Bischofskonferenz ist ein erster Schritt. Denn miteinander reden kann helfen. Aber ich befürchte, dass viele gute Ansätze, die dort diskutiert werden, in einer zähen Masse aus Tradition, Angst und Kompromissen stecken bleiben. Es ist an der Zeit, Ballast abzuwerfen, der die Organisation daran hindert, Zukunft zu gewinnen. Aber der Machtapparat in Rom und viele seiner Würdenträger hierzulande halten immer wieder dagegen, wenn zaghaft ein erstes Türchen in die Freiheit geöffnet werden soll.

Leute! So wird das nichts!

*

Meine Theologie ist einfach: Es geht mir bei allem, was ich tue, um eine einladende, offene, barmherzige und die Menschen umarmende »Alle-an-einen-Tisch-Gesinnung«.

Wegen eben dieser Warmherzigkeit und Lebendigkeit kommen Leute zu uns in die Kirche. Das Wort »Sonntagspflicht« kommt im Sprachschatz der meisten Menschen heute nicht mehr vor. Und ich finde das auch gar nicht schlimm – im Gegenteil. Wenn der Gottesdienst nur aus Pflichtgefühl besucht wird, kann Kirche ohnehin einpacken. Es braucht Begeisterung und eine tiefe Sehnsucht nach Verbindung. Das Gefühl, dass einem persönlich etwas fehlt, wenn man nicht hingeht, muss der Antrieb sein. Dass Rainer und viele, die mit ihm in der Gemeinde unterwegs sind, so denken und handeln, zeichnet die Arbeit in Sankt Max aus. Wir *feiern* Gottesdienst. Denn eine sinnliche Kirche, die mit vollen Händen Barmherzigkeit und Liebe austeilt – und die dazu auch etwas Ordentliches auf den Tisch bringt, damit Leib und Seele erfreut werden –, macht den Unterschied. Dann wird es schmackhaft, duftet die Kirche derart köstlich, dass viele Menschen die Einladung, an den gedeckten Tisch zu kommen, annehmen.

Auf Facebook habe ich im vergangenen Herbst einen Link zu einem Youtube-Video entdeckt, dem Mitschnitt einer Erntedankpredigt, den sich schon mehrere Zehntausend Menschen angesehen haben. Der katholische Regens Dr. Christoph May teilt in der Predigt seine Erfahrungen und Überzeugungen. Tagtäglich, so erzählt er, sitzt er morgens um 7 alleine in der großen Kapelle des Priesterseminars und spricht mit Gott. Und er fragte sich, was Gott zu all dem sagen würde, was er als katholischer Priester tut – und was er verhindert. Dann stellt er fest: »Statt das Feld für alle zu öffnen, verstehen wir uns oftmals, viel zu oft, als Türsteher.« Christoph May ringt damit, dass er bestimmten Menschen keinen Segen geben darf – Wiederverheirateten, gleichgeschlechtlichen Paaren –, dass Frauen nicht zu Weiheämtern zugelassen werden, dass sie keine Priesterinnen werden dürfen, was aus seiner Sicht grundfalsch ist.

Vor dem Altar, neben dem er predigt, steht ein Korb Kartoffeln. Und Christoph May hält ernüchtert fest: »Auf nur Kartoffeln habe ich schon lange keine Lust mehr. Ich wünsche mir ein Ackerfeld, einen Weinberg des Herrn, der bunt ist …«.[1]

Wow. Was für eine Predigt. Und ja, da bin ich ganz bei Pfarrer May – wenn es immer nur Kartoffeln gibt, kommt keine Freude auf.

Was gehört zu einem guten Fest dazu? Sicherlich viele nette Gäste, ein schöner Raum, eine Auswahl an leckerem Essen und Trinken, eine mit Liebe zum Detail vorbereitete Tafel, gute Musik. Jemand, der die Tür öffnet und jede und jeden herzlich begrüßt: »Schön, dass du da bist!« Und natürlich ist es auch toll, wenn ein paar Stimmungskanonen mit dabei sind, die dafür sorgen, dass kein Auge trocken bleibt.

Wie schrecklich, wenn an einem festlichen Abend vorwiegend zähe Konversation läuft und sich einige Gäste zurückhalten, weil sie das Gefühl haben, dass es besser ist, möglichst wenig in Erscheinung zu treten. Und wie würde es aussehen, wenn bei einem solchen Fest nur Kartoffeln auf dem Tisch stehen … Es geht doch um ein schönes Miteinander, um Austausch, Sinnlichkeit und Freude. So müssen Feste gefeiert werden! Das Bild des Festes auf die Kirche zu übertragen ist möglich – und wird am Isarufer im Glockenbachviertel seit 25 Jahren praktiziert.

Sankt Maximilian ist gebaut worden, damit Menschen zusammenkommen können, um Gemeinschaft zu erleben und Gott zu finden. Hier findet das Leben in all seinen Facetten statt: Taufe, Erstkommunion, Firmung, Hochzeit, Geburtstage und Jubiläen, Fasching und Erntedank. Wir beten, feiern, lachen und weinen miteinander.

Christen sind keine Spaßbremsen. Der sonntägliche Gottesdienst soll ein Ort der Freude sein. Deshalb wird jeder Feiertag, den wir gemeinsam begehen, zu einem Fest.

Klar: Auch ernste Momente und starke Emotionen wie Zorn und Trauer gehören zum Leben dazu – und in die Kirche. Warum nicht einmal den Schmerz herausschreien, wenn wir nicht verstehen können, weshalb ein Leben viel zu früh endet? Oder unsere Enttäuschung zur Sprache bringen, Entsetzen und Wut über Ungerechtigkeit und sinnlose Gewalt? Ereignisse, die wir nicht verstehen können?

Im vergangenen Jahr haben wir zu Fronleichnam mit Blumen und Blüten in den Mittelgang der Kirche einen »Black Lives Matter«-Teppich gelegt, um zu zeigen, dass auch wir hinter dieser Bewegung stehen. Denn dass in Amerika ein Mensch sterben muss, nur weil er eine andere Hautfarbe hat, ist ein Skandal! Mehr als 20-mal sagt George Floyd bei seiner gewaltsamen Festnahme in Minneapolis den Satz »I can't breathe« – »Ich kann nicht atmen«. Doch ein Polizist drückt ihm gnadenlos sein Knie auf den Hals und damit die Luft ab, acht Minuten lang – bis er stirbt. Das schreckliche Geschehen wird in mehreren Videos festgehalten, die die Bodycams der Polizisten und umstehende Augenzeugen aufzeichnen.

George Floyds Tod führte im ganzen Land zu Massenprotesten gegen Polizeigewalt und Rassismus, bei dem weitere Menschen sterben und Hunderte verletzt werden. Wie schrecklich! Als Christen dürfen wir zu so etwas nicht schweigen, sondern müssen Position beziehen.

*

»All Lives Matter« (»Alle Leben sind wichtig«) ist auf dem Blumenteppich in Sankt Max zu lesen. Alexander hat das Muster am Abend mit einem abwischbaren Textmarker auf dem steinernen Kirchenboden vorgezeichnet. Jetzt setzen wir den Entwurf mit zwei Dutzend Leuten um. Neben 15 Ministranten sind auch einige Ältere aus der Gemeinde dabei. Menschen, die die Tradition des Blumenteppichlegens von Kindesbeinen an kennen und sich jedes Mal aufs Neue freuen: »Ach, wie schön, dass wir das wieder machen dürfen.«

Die Kinder und Jugendlichen, die den Blumenteppich legen, möchten, dass sich auf dem Bild Menschen mit unterschiedlicher Hautfarbe die Hand reichen. So wird's gemacht!

Gemeinsam setzen wir ein Zeichen gegen Hass, Ausgrenzung und Respektlosigkeit.

In weißer Schrift steht der Text »All Lives Matter« in einem schwarzen, mit grünen Blättern umrandeten Feld. Ein kunterbuntes Band – eine farbige Menschenkette – ist zum Altar hin ausgerichtet. Auch das Gesicht von Jesus Christus haben wir aus jeder Menge Blumen geformt – er trägt im Corona-Jahr eine Maske.

Früh um fünf war ich heute bereits im Blumengroßmarkt und hab mit den Händlern geredet: »Habt ihr Rosen, Dahlien, Kornblumen, Tulpen oder irgendwelche anderen Blumen, die ihr nicht mehr verkaufen könnt?«, habe ich jeden gefragt und dann tatsächlich körbeweise Blumen und Blütenblätter geschenkt bekommen. Ein ganzes Auto voll habe ich mitgenommen. Zunächst müssen die Blütenblätter von den Stielen gezupft und dann von den Helfern in Eimern und Schüsseln nach Farben sortiert werden. Anschließend machen wir uns gemeinsam ans Legen. Wer schon einmal drei oder mehr Stunden am Stück gekniet oder in gebückter Haltung gearbeitet hat, kann sich vorstellen, was es bedeutet, einen meterlangen Blütenteppich auf Steinboden zu legen. Und natürlich muss man total aufpassen, dass nichts verrutscht oder ein starker Windzug die ganze Arbeit im Handumdrehen zunichtemacht.

Foto: © Alexander Appelhans

Es macht große Freude zu sehen, wie das Bild wächst und einfach toll aussieht.

Am Ende stehen alle Beteiligten stolz um das Werk. Mobiltelefone werden gezückt, Erinnerungsfotos gemacht. Es ist wirklich eine Pracht – ein beeindruckendes Blütenmeer mit einer wichtigen Botschaft: Jedes, wirklich jedes Leben zählt.

Später erfahren Alexander und ich mit Schrecken, dass die Rechten in Amerika den Satz »All lives matter« für ihre Schmutzkampagnen gekapert haben. Unsere Botschaft ist eine andere!

*

Früher hat man bei uns daheim, wie an vielen anderen Orten auch, zu Fronleichnam in der Kirche ein Pax-Zeichen, ein Kreuz oder eine Maria als Blumenteppich gelegt. Das hat mir immer gut gefallen. Ich komme ja aus einer urkatholischen Gegend, in der man die Tradition und die Kunst des Blumenteppichlegens seit jeher pflegt. Als Kind und Jugendlicher bin ich mit den anderen aus der Gemeinde eine Woche vor Fronleichnam über die Wiesen und am Feldsaum entlanggezogen. Dort haben wir zum Beispiel Lupinenblüten gezupft und im Wald das junge Tannengrün geschnitten. Daraus wurde dann im Altarraum unserer Dorfkirche ein floraler Teppich – als Verehrung des Sakramentes, weil Fronleichnam für uns ein hohes Fest war. An diesem Feiertag war gefühlt das ganze Dorf bei der Prozession unterwegs. Leider wissen immer weniger Menschen um die Bedeutung dieser jahrhundertealten Tradition.

Am 60. Tag nach Ostern – am zweiten Donnerstag nach Pfingsten – feiern die Katholiken das »Fest des heiligsten Leibes und Blutes Christi«, wie es altertümlich hieß. Ja, ich weiß: Auch der heutige Begriff Fronleichnam ist nicht wesentlich verständlicher und klingt für diejenigen, die nicht kirchlich sozialisiert sind, total skurril – erst recht, wenn als Erläuterung dazu gesagt wird, dass wir miteinander daran erinnern wollen, »dass Brot und Wein zu Leib und Blut Christi werden«. Im Althochdeutschen steht »fron« für »Herr« und »lichnam« für »Leib«. Aus der Oblate wird für gläubige Katholiken durch die sogenannte Wandlung bei der Eucharistiefeier der Leib Christi. Wir glauben daran, dass Christus, nach den Wandlungsworten des Priesters, in diesem Stück Brot gegenwärtig ist. Ein Geheimnis des Glaubens, Symbol für Gemeinschaft und pure Liebe.

Die Tradition geht zurück auf das letzte Abendmahl, das Jesus mit seinen Jüngern in besonderer Weise begangen hat. Mit den Worten »Das ist mein Leib« hat er ein Brot gebrochen und jedem der Anwesenden ein Stück gegeben. Ein Liebesmahl.

Wenn bei den feierlichen Fronleichnamsprozessionen eine Hostie in einer Monstranz durch die Straßen getragen wird, geht es darum, an dieses besondere Glaubenszeichen zu erinnern. Und wenn wir auf dem Weg zum Altar einen Blumenteppich legen, tun wir dies, um voller Dankbarkeit zu zeigen: An diesem Tag feiern wir dich, Jesus.

Ein Blumenteppich ist ein sinnlich erlebbarer, wunderschöner Weg, diesem Glauben Ausdruck zu verleihen. Das Ganze darf im Überschwang der Gefühle durchaus auch mal kitschig sein. Oft legen wir Ornamente, die an Gestaltungselemente aus der Gotik oder Romanik erinnern. Dieses Mal war es eben ein politisches Statement. Ich finde es wichtig, im Gottesdienst aktuellen Themen, die den Menschen unter den Nägeln brennen, und den dazugehörigen Emotionen Raum zu geben. Manches Bewährte kann man dabei aufgreifen und integrieren. In meiner Fürbitte, die ich im Gottesdienst vortrage, bringe ich »Black Lives Matter« natürlich ebenfalls zur Sprache:

»Black Lives Matter – Schwarze Leben« zählen: Unter diesem
Motto gingen und gehen weltweit Menschen auf die Straße,
zeigen so ihre Verbundenheit mit George Floyd und erinnern
an seinen gewaltsamen Tod.
›Black Lives Matter – Schwarze Leben‹
Müsste das nicht anders übersetzt werden?
Sollte es nicht besser heißen: ›Jedes Leben zählt!‹?
Jedes! Das Leben von Schwarzen und Weißen.
Das Leben des Flüchtlings, des Kindes, des Alten, des Schwu-
len, des Freaks.
Lieber Gott, jedes Leben zählt!

Die Würde des Menschen ist und bleibt unantastbar.
Gib uns Kraft und Mut, uns dafür einzusetzen, dass jeder,
wirklich jeder Mensch zu dieser Würde kommt. Lass uns
achtsamer miteinander umgehen.
Gott unser Vater …

Präsident Trump ließ sich vor einigen Tagen mit der Bibel in
der Hand medienwirksam vor der St.-John's-Kirche in
Washington fotografieren. Zuvor hatte er mit dem Einsatz
von Militär gedroht, um Demonstrationen der Bewegung
»Black Lives Matter« zu verhindern. Selbst der Weg zur
Kirche, vor der er nun stand, musste gewaltsam von
Ordnungskräften geräumt werden.

»Die Heilige Schrift lehrt, dass Gott die Liebe ist«, betont
Michael B. Curry, der Bischof der Episkopalkirche, zu der
St. John's gehört. Und er sagt weiter: ›Die Bibel, die Donald
Trump in Händen gehalten hat, repräsentiert die Werte Liebe,
Gerechtigkeit und Anteilnahme. Um George Floyds willen und
aller, die grundlos leiden – um unserer selbst willen: Wir

*brauchen Anführer, die uns helfen, eine geeinte Nation zu sein –
in Freiheit und Gerechtigkeit für alle.‹ Auch der in den USA
populäre Jesuitenpater James Martin aus New York verurteilt
das Posen des Präsidenten mit der Bibel scharf.*

*»Das ist widerlich!«, schreibt Martin auf Facebook, wo ihm
über eine halbe Million Menschen folgen. »Die Bibel ist keine
Requisite. Eine Kirche ist kein Foto-Hintergrund. Religion ist
kein politisches Instrument. Und Gott ist nicht dein Spielzeug.«*

*Lieber Gott, schenke unserer Zeit Regierende, die mit Herz
und Verstand die Geschicke der Menschen leiten. Männer und
Frauen, die versöhnen statt spalten. Schenke unserer Zeit
Frieden.*
Gott unser Vater …

*

An Fronleichnam ziehen wir mit einer Prozession durchs
Glockenbachviertel. Jedes Jahr machen wir an anderen Orten
halt. Im Jahr der Bankenkrise stoppen wir mit dem Stationsaltar
vor einem Kreditinstitut. In einem anderen Jahr stehen wir mit
der Prozession vor einer Beratungsstelle, in der Suchtkranke
Methadon bekommen können. Und wieder ein Jahr später – als
sich der Fronleichnams-Umzug um das Thema »Wir lassen es
uns gut gehen« dreht – rasten wir vor einem Sonnenstudio.

Jesus hat sich auch nicht in einen frommen Bezirk zurückge-
zogen, sondern er ist zu den Menschen gegangen. Wenn sich
der Glaube, den wir in der Messe feiern, nicht in meinem Alltag
fortsetzt, ergibt alles keinen Sinn. Der österreichische Theologe
und Priester Paul Zulehner bringt das, was ich fühle, gut auf

den Punkt: »Wir müssen weg von dieser Struktur einer Organisationskirche hin zu einer Jesusbewegung.« Das neu zu lernen ist kein leichtes Unterfangen. Wir sind gerade erst am Anfang, stecken sozusagen noch in den Kinderschuhen.

Als wir eines Tages mit unserer Fronleichnamsprozession vor einem Schwulenlokal stehen bleiben, um eine Andacht zu halten, tritt der Wirt des Lokals vor die Tür und sagt uns, wie wenig er von der katholischen Kirche hält: »… eigentlich so gut wie gar nichts. Aber dass ihr zu mir gekommen seid und hier vor meinem Lokal einen Altar aufgebaut habt, das werde ich euch nie vergessen.« Als wir das Schlusslied singen, regnet es aus den Fenstern im ersten Stock des Hauses rote Rosen. Das ist filmreif! Und es ist nicht geplant.

In solchen Momenten erkennst du, was du mit Freundlichkeit bewegen kannst. Wie es ist, wenn Kirche zu den Menschen kommt – auch wenn wir uns manchmal einiges anhören müssen. Klingt gut, so eine Aktion, oder? Ist es auch. Und doch ist es nicht so, dass wir in Sankt Max besser wären als andere Kirchengemeinden. Nein, das ist nicht der Fall.

Ja, einiges läuft vorbildlich, mit manchen Projekten können wir glänzen. Viele Menschen kommen zu unseren Veranstaltungen und in den Gottesdienst. Aber wir pflegen zuweilen auch schlechte Umgangsformen oder streiten uns. Keiner ist perfekt. Und auch ich selbst bin alles andere als eine Leuchte und keinesfalls ein Moralapostel, der die Weisheit mit Löffeln gefressen hat. Nullinger! Ich hab Ecken und Kanten und davon viele. Und ich mache bestimmt genauso viele Fehler wie andere, verpenne wichtige Chancen.

Natürlich waren auch nicht alle Ideen top, die ich in den vergangenen 25 Jahren entwickelt habe. Es waren sogar ein paar richtige Flops dabei. Zu einer langen Nacht der Musik, die ich mit viel Aufwand organisiert habe, sind beispielsweise statt der geplanten 600 Besucher am Ende nur 100 Leute gekommen. So etwas passiert – trial and error. Aber wenn wir nichts ausprobieren, bleibt immer alles beim Alten.

Solange wir Gott an unserer Seite wissen, gelingt letztlich trotz aller Schwächen das Leben. Gott steht für Fülle und Weite. Das sage ich immer wieder. In dieser Haltung zu leben, macht den Unterschied. Die Leute müssen uns Christen anmerken, was im Leben trägt. Nicht das, was wir sagen, ist entscheidend, sondern unser Handeln. Kirche, Gemeinde und Glaube gehören mitten in den Alltag und müssen sichtbar werden. Und in einer Gemeinschaft mit anderen gelingt manches, was wir allein nicht bewältigen könnten. Das zu erfahren, ist pures Glück.

9 / 'S MAUL HALTEN

Den ganzen Tag lassen wir uns berieseln. Morgens früh quakt es aus dem Radiowecker: »Hello again.« Auch auf dem Weg zur Arbeit läuft Musik. In langen Besprechungen wird manches zerredet. Und während der Mittagspause beim Italiener hören wir in Endlosschleife Classic Rock, während wir mit den Kolleginnen und Kollegen ein wenig Small Talk führen. Am Nachmittag klingelt, quasi nonstop, das Telefon, und irgendjemand erzählt uns, was es noch zu erledigen gibt: Anfragen, Aufträge, Beschwerden – Dinge, um die wir uns kümmern müssen. Anschließend dann nichts wie heim. Im Autoradio laufen die Nachrichten.

An manchen Tagen sehnen wir uns nach nichts als Ruhe. Und wissen nicht, wie.

Kirchen bieten sozusagen das Kontrastprogramm: Schweigen und Stille als Seelenwärmer, als Oasen und Ruhepole mitten im Trubel des Alltags. Aber viele traditionelle Kreise, die es in meiner Heimatgemeinde gab, sind längst ausgestorben: Bibelstunden, Gebetskreise, das Treffen der Frauengemeinschaft und manches mehr finden nicht mehr statt. Auch die meisten der Menschen, die wie meine Großmutter täglich das Rosenkranzgebet gebetet haben, sind in den letzten 30 Jahren von der Bildfläche verschwunden und sehen nun hoffentlich, was sie geglaubt haben. Männer sind in kirchlichen Kreisen ohnehin leider meistens Mangelware. Besonders die Männer ab

116

Mitte zwanzig. Wie könnte man die für ein Meditationsangebot begeistern? Das Bedürfnis, zur Ruhe zu kommen, ist da – ohne Frage. Aber »Meditationskreis« klingt nicht cool. Wie wäre es, wenn wir dazu einladen, gemeinsam 's Maul zu halten? Zumindest eine halbe Stunde lang. Vielen würde es guttun, sich zurückzunehmen und eine Weile zu schweigen, um anschließend achtsamer auf das zu hören, was wesentlich ist. Davon bin ich überzeugt. Einmal in der Woche mit Gleichgesinnten in einem angenehmen Rahmen zusammenzukommen, ganz zwanglos, offen, nicht frömmelnd – das wär's.

Gesagt, getan: Das Angebot trifft tatsächlich einen Nerv und kommt gut an. 20 bis 30 Leute kommen jeden Donnerstagabend zusammen und zelebrieren »'s Maul halten«.

Wir beginnen mit einem kurzen Text, über den jeder in Ruhe nachdenken kann. Am Ende lade ich dazu ein, einen Gedanken zu teilen. Hin und wieder singen wir gemeinsam einen kurzen Vers, aber der wesentliche Teil unseres Treffens besteht aus Schweigen. Nach einigen Monaten übernimmt Tobi, der eine christliche Meditationsausbildung gemacht hat, die Leitung. Wie wohltuend ist es zu merken: Ja, es geht. Kirche kann cool daherkommen, ohne ihren Kern zu verleugnen.

*

'S Maul halten – das gelingt mir angesichts vieler aktueller Entwicklungen in der Kirche nicht immer und wird zunehmend schwerer. Wenn ich höre, wie der Kölner Kardinal Rainer Maria Woelki mit wohlfeilen Worten seine Entscheidung verteidigt, dass eine bereits fertige Missbrauchsstudie für das Erzbistum Köln vorerst unter Verschluss bleiben soll, bin ich sprachlos. Der Kardinal versteht, wie er der Presse sagt, dass die erneute

Verschiebung der Untersuchung zu Enttäuschung, Verunsicherung und Vertrauensverlust führt, doch er bleibt bei seinem Entschluss und folgt damit angeblich dem Rat von Experten. Erst nach massiver Kritik von allen Seiten kommt Bewegung in die Sache und es wird angekündigt, dass man Einblicke gewähren will. Weshalb das Gutachten der Münchner Kanzlei Westpfahl Spilker Wastl unbrauchbar ist, erfährt die Öffentlichkeit nicht. Und es hat eigentlich keiner, mit dem ich darüber spreche, Verständnis für die Entscheidung. Die Kanzlei erklärt, »man sei jederzeit bereit gewesen, die Bedenken zu prüfen und gegebenenfalls zu berücksichtigen«. Das klingt nicht danach, als ob man keine Lösungswege hätte finden können. Aber dennoch braucht es nun eine zweite Studie, weil die erste nicht verwendbar ist. Was soll der Schmarrn? Warum werden Ross und Reiter nicht genannt? Wenn Kardinal Woelki direkt gesagt hätte: »Wir brauchen ein zweites Gutachten, um das erste zu untermauern«, oder: »Wir haben konkret diesen und jenen Mangel festgestellt«, könnte man wenigsten ansatzweise verstehen, wie eine solche Entscheidung zustande kommt, alles ins Archiv zu schaffen.

»Das neue Gutachten wird dazu beitragen, Klarheit zu schaffen und den Blick auf die gemeinsamen und unveränderten Ziele zu lenken«, sagt Kardinal Woelki gegenüber domradio.de. Aber was bitte sind denn noch gemeinsame Ziele? Und was soll unverändert bleiben? Inzwischen laufen die katholischen Frauen- und Jugendverbände Sturm gegen diese Art von kirchlicher Machtdemonstration. Eine Initiative fordert *#allesansLicht* und *#keinekardinalfehlermehr*. Andere posten im Internet Fotos, auf denen sie ein Schild hochhalten: *#nichtinmeinemnamen*. Oder *#nichtmeinekirche*. Wohlgemerkt alles Menschen, die sich in der Gemeindearbeit seit Jahren engagieren.

Und die Kirchenobrigkeit hüllt sich weiter in Schweigen.

'S Maul halten – das wird, so vermute ich, schon im Priesterseminar und später im Aufbaukurs für Bischöfe und Kardinäle
immer wieder geübt, damit bloß nichts von all dem, was in
kirchlichen Gremien hinter verschlossenen Türen beraten wird,
nach außen dringt.

*

Vielleicht kennst auch du solche Momente: Im Scheinwerfer-
kegel sehe ich eine Maus vor mir über die Landstraße huschen.
Ich trete leicht auf die Bremse, damit sie sich in Sicherheit bringen kann. Aber das Tierchen stoppt plötzlich seinen Lauf und
bleibt starr vor Schreck stehen. Ob ich die Maus erwischt habe?
Ich weiß es nicht, ich bin schon vorbei. Verhindern konnte ich
ohnehin nichts. Es lag nicht in meiner Hand. Falscher Ort, falsche Zeit. Wenn die Maus einfach weitergelaufen wäre, hätte sie
es bis zum Randstreifen schaffen und sich retten können. Aber
die Angst hatte sie ergriffen, der Schreck war ihr in die Glieder
gefahren, als sie das große Licht auf sich zukommen sah.

Rettungssanitäter berichten von Unfallzeugen, die unter
Schock stehen, weil sie mit ansehen mussten, was passiert ist.
Menschen, die regungslos und total apathisch verharren, die
schwer atmen und kaum Luft bekommen. Andere rennen pa-
nisch schreiend umher oder brechen stumm in Tränen aus. Solche Menschen brauchen dringend medizinische Hilfe und später oft psychologische Betreuung.

Und es gibt noch etwas, was man an Unfallorten beobachten
kann: Schwerverletzte, die erklären, dass ihnen überhaupt
nichts passiert ist. Alle sehen, dass das Bein des Unfallopfers
gebrochen ist und an seinem Oberarm eine tiefe Schnittverlet-
zung klafft. Aber der Verletzte behauptet steif und fest, dass es

ihm gut geht – bevor er kurz darauf das Bewusstsein verliert. Das Adrenalin, das sein Körper in der Notlage ausschüttet, verhindert, dass die Botschaft »Du brauchst jetzt Hilfe« ins Bewusstsein dringt.

Warum schildere ich diese Situationen so ausführlich? Ich glaube, dass die Schockstarre und der blinde Aktionismus, die ich in bestimmten kirchlichen Kreisen beobachte, ähnlichen Systematiken folgen. Als die Deutsche Bischofskonferenz bei ihrer Herbst-Vollversammlung am 25. September 2018 die Ergebnisse der Missbrauchsstudie vorstellt, sind viele Beobachter sprachlos. Kardinal Marx tritt um 13.15 Uhr vor die Mikrofone und Kameras und berichtet, dass man von mindestens 3677 Opfern ausgeht. Mindestens. Aber man ahnt, dass die Zahlen der aufgeführten sexuellen Übergriffe nur die Spitze eines Eisbergs sind.

Die Betroffenheit der Verantwortlichen ist mit Händen zu greifen. Aber als Dr. Christiane Florin, Journalistin beim Deutschlandfunk, Kardinal Marx fragt, ob denn einer der anwesenden Bischöfe angesichts der erschreckenden Ergebnisse der Studie an Rücktritt denkt, fällt seine Antwort denkbar knapp aus: »Nein.«

Nein, keiner will hier den ersten, den notwendigen Schritt tun. Keiner will persönlich Verantwortung übernehmen.

Die Missbrauchsstudie macht sprachlos. Ein tiefer Schnitt ins Fleisch der Kirche, eine klaffende Wunde: Aber hey, es geht weiter!

Mir scheint: Mindestens eines der Beine, auf denen die Kirche steht, ist ziemlich angeschlagen. Manche sehen sie schon taumeln und stürzen. Andere meinen wahrzunehmen, dass einige Verantwortliche in letzter Zeit seltsam einsilbig wirken und andere wirres Zeug von sich geben. Ganz klar: So etwas passiert, wenn man unter Schock steht. Hier hilft nur, sich

Unterstützung zu suchen und offen über die Situation zu sprechen. Wer meint, alles alleine bewältigen zu können, irrt meistens. Das sagt einem jeder Therapeut, der Erfahrung mit
Schockpatienten hat.

Geschädigtes Vertrauen und tiefe Enttäuschung sind beides
Wunden, die schwer heilen. Der Genesungsprozess braucht
Zeit. Wer einmal einen Knochenbruch hatte, der mit einem
»Nagel« stabilisiert werden musste, weiß, dass eine solche Stelle
an kalten Tagen schmerzt. Und manche Verletzungen heilen nie
wirklich aus.

Dass im Jahr 2019 so viele Menschen wie nie zuvor aus der
katholischen Kirche in Deutschland ausgetreten sind, hat sicher
auch etwas mit tiefer Enttäuschung, Schmerz und Scham zu
tun. 272 771 Menschen haben die Kirche verlassen. Ein sprung-
hafter Anstieg gegenüber den gut 216 000 Austritten im Jahr
2018.

Ingo Brüggenjürgen, der Chefredakteur von domradio.de,
hat anlässlich der letzten Deutschen Bischofskonferenz im
Herbst von »einer Kernschmelze der katholischen Kirche« gesprochen und dabei auch die Bewegung Maria 2.0 in den Fokus
gerückt, zu der »die Mitglieder der katholische Frauenverbände
in Scharen überlaufen.«

Es wird Zeit, sich der Situation zu stellen. Zu sagen: »Wir
sind auf einem guten Weg …«, so wie es etwa Bischof Georg
Bätzing, der Vorsitzende der Deutschen Bischofskonferenz, als
Antwort auf den empörten Zwischenruf von Ingo Brüggenjür-
gen formuliert hat, ist jedenfalls nicht die richtige Art, mit den
Problemen umzugehen.

Ob die Bischöfe von den Opferzahlen überrascht waren,
kann ich nicht sagen. Mancher wird wahrscheinlich längst ge-
ahnt haben, wie groß das Ausmaß des Skandals sein könnte,
denn es kommt inzwischen zunehmend ans Licht, dass schon

seit Jahrzehnten in klerikalen Chefetagen über sexuellen Missbrauch gesprochen wurde. Vermutlich haben einige deutsche Diözesen an diesem Punkt wunde Stellen und klaffende Verletzungen.

Im November 2020 berichtete *Christ & Welt*[2], dass ein katholischer Priester fast sechs Jahrzehnte lang wiederholt Kinder missbrauchte. Zweimal wurde der Mann verurteilt, saß zwischendurch im Gefängnis und wurde dennoch als Priester weiterbeschäftigt. Wenn seine Vergehen bekannt wurden, versetzte man den Mann einfach, statt dem Treiben endlich Einhalt zu gebieten. Er durfte trotz seiner Verurteilung wegen Kindesmissbrauch immer wieder an anderer Stelle neu beginnen, Ministranten betreuen, die Jugendarbeit leiten, Gottesdienste feiern.

Der Fall spielt in drei unterschiedlichen Bistümern, neun Bischöfe waren auf verschiedene Weise involviert, zwei der Personalverantwortlichen, die mit dem Fall beschäftigt waren, wurden später selbst Bischof. Hilfe! Wer lässt so jemanden immer wieder auf die Menschen los, statt einzuschreiten? Alle wussten doch, dass sich hier ein Wiederholungstäter an Kindern verging.

Von der Taktik, einfach weiterzumachen, als wäre nichts passiert, sprach ich bereits. Ob es am Schock liegt, dass niemand der Betroffenen Konsequenzen ziehen möchte – oder an der Angst, dass es überhaupt keinen priesterlichen Nachwuchs mehr gäbe, wenn die Bischöfe ihre Schuld bekennen und tatsächlich zurücktreten würden? Kam deshalb das »Nein« von Kardinal Marx so kompromisslos entschlossen rüber?

Vielleicht war für manche auch der Schock über die Auswirkungen der Krise größer als das Erschrecken über die Studie selbst.

Die Kirche als Ganzes übernimmt inzwischen Verantwortung für die Missbrauchstaten. Das ist gut. Aber es hat lange gedauert, bis man so weit war, und Experten und Opfer beklagen die schleppende Aufarbeitung. Und die finanziellen Entschädigungen sind nicht nur wegen der relativ geringen Summen, die Opfern gezahlt werden, zu wenig. Die Betroffenen brauchen ehrliche Schuldbekenntnisse seitens der Verantwortlichen und das Gefühl, mit ihrem Schmerz wirklich ernst genommen zu werden. Menschen, die tief verletzt wurden, brauchen Trost. Das harte »Nein« der Bischöfe, persönlich Konsequenzen zu ziehen, war für mich und andere, mit denen ich darüber gesprochen habe, mit der größte Schock.

*

Kardinal Marx hat im vergangenen Jahr ein Buch mit dem Titel *Freiheit* veröffentlicht.

Im Werbetext des Verlages heißt es: »Freiheit bedeutet Mut zur Veränderung. […] für Kardinal Marx gehört ›Freiheit‹ zu den Kernbotschaften des Christentums. Wer frei ist, kann sich einbringen, wer frei ist, kann handeln, wer frei ist, kann sich binden und lieben, wer frei ist, kann sich frei entscheiden.«[3]

Unter anderem schreibt Kardinal Marx über »Frauen in kirchlichen Führungspositionen«.

Einerseits steht für ihn fest, dass Frauen auch Führungspositionen in der Kirche übernehmen könnten.[4] Doch den Mut, diese Gleichberechtigung auch für das Priesteramt zu fordern, hat er leider nicht. Es bleibt dabei: Frauen können keine Pfarrei leiten, keinen Gottesdienst zelebrieren, keine Eucharistie feiern und auch nicht in den entscheidenden Gremien wie der Deutschen Bischofskonferenz mit über die Belange der Kirche abstimmen. »Freiheit bedeutet Mut zur Veränderung«? Solchen Mut und die Freiheit dazu gibt es anscheinend nur sehr bedingt … Ein Rezensent des Buches spricht von einer verpassten Chance. Ja, wenn es ans Eingemachte geht, herrscht »Schweigen im Walde«.

Es ist leider bei »Kirchens« immer wieder das Gleiche. Wir tun so, als gäben wir Frauen eine Möglichkeit mitzuentscheiden, wie die Zukunft der Kirche aussieht – und verweisen im selben Atemzug auf die Tradition, die das aber faktisch bis zum Sankt Nimmerleinstag ausschließt. »Ja, leider … ist es so.«

Glaubt denn noch irgendeine katholische Frau, dass sie in ihrer Kirche an entscheidender Stelle zu Lebzeiten Mitspracherecht bekommt?

Bitter: Auf die Frage, warum Frauen eigentlich keine Priesterinnen, Diakoninnen oder Bischöfinnen werden dürfen, gibt es keine befriedigende Antwort. Wenn man nachfragt, heißt es, der Papst habe dies in einer unfehlbaren Entscheidung beschlossen, dahinter könne man nun nicht mehr zurück. Das müsse man so hinnehmen, egal, wie wenig man es nachvollziehen kann. Na toll! Ich kenne das scheinheilige Lächeln mancher kirchlichen Würdenträger in solchen Situationen nur zu gut.

Es ist Zeit, 's Maul aufzumachen! Lisa Kötter, eine der Gründerinnen von Maria 2.0, sagt: »Schweigen war gestern.« Die Kölner Anhängerinnen der Bewegung haben im November 2020 Kardinal Woelki ein »Beichtmobil« vor den Amtssitz gestellt, um ihm »ein niederschwelliges Angebot« zu machen, wie sie es nannten. Ein Angebot, für all das Unrecht und den Missbrauch, stellvertretend für die Kirche, endlich einmal Buße zu tun und Abbitte zu leisten. Und ich frage: Warum ist keiner von den hohen Herren gekommen und hat diese Einladung angenommen? Das wäre ein Signal gewesen! Hey, die Schockstarre löst sich, und es kommt endlich Bewegung in die Sache.

Jesus hat sich jedenfalls immer tief hinabgebeugt, dorthin, wo Menschen auf ihn gewartet haben.

Immer wieder überkommt mich ein riesiger Zorn angesichts des Schweigens der Kirchenoberen. Angesichts all der Lügen und des scheinheiligen Getues. Priester, die Kinder, Jungen und Mädchen, sexuell belästigen und vergewaltigen, und Bischöfe, die diesem Treiben keinen Einhalt gebieten. Verantwortliche, die glauben, mit einer Versetzung des Täters an eine andere Stelle in der Kirche wäre dem Ganzen Genüge getan. Dabei gehören solche Menschen vor ein weltliches Gericht gestellt und bestraft. Ein »klärendes Gespräch« mit dem Dienstvorgesetzten ist angesichts der Schwere der Tat ein Witz. Wie oft wurden beide Augen zugedrückt? Da steigt in mir die kalte Wut hoch! Himmmelherrgottsakrament!!!

Ob manche Leitenden Geistlichen der katholischen Kirche befürchten, dass Menschen mit einer homosexuellen Orientierung – Menschen wie ich – tendenziell auch Kinder missbrauchen? Oder dass wir kein Vorbild in der Gemeinde sein können, weil wir Männer erotischer finden als Frauen?

Es ist so kurzsichtig, jemanden nur danach zu beurteilen, wen er liebt. Viel wesentlicher ist es doch, zu erkennen, wie aufrichtig jemand liebt und glaubt. Und ob er das Leben und die Liebe mit Achtsamkeit und Wertschätzung gegenüber seinen Mitmenschen gestaltet.

In der *ZEIT* wurde im November 2020 ein Artikel über zwei Männer veröffentlicht, die sich im katholischen Kirchendienst kennen- und lieben gelernt haben. Ihre Beziehung durften sie erst öffentlich leben, nachdem sie ihre Stellen in der Kirche aufgegeben haben. Heimlich – das wäre schon gegangen. Das zeigt die gelebte Praxis an vielen Stellen. Der Bischof weiß es, der Weihbischof auch, manchmal sogar die ganze Gemeinde. Aber pssst. Jetzt bloß alle im Ordinariat 's Maul halten. Dann geht's schon … Wie schräg ist das alles? Wie scheinheilig? Und trotzdem bin ich bei dem Haufen dabei. Weil ich beschlossen habe:

Ich haue nicht einfach ab. Das wäre ja noch schöner. Wer sollte sonst für Veränderung sorgen wenn nicht die Out-of-the-Box-Denker? Ich werde auch weiterhin mein Maul nicht halten. Keinesfalls alles einfach so hinnehmen, wie es gesagt wird. Denn ich will mit diesen ganzen Halbwahrheiten einfach nicht leben. Ich lass mir das Wort nicht verbieten.

Das Bequeme bringt uns selten voran. Es gilt aufzustehen und authentisch zu leben, egal, was es uns kostet. Und gerade auch die unbequemen Typen sind so wichtig für die Zukunft unserer Kirche. Ich bin froh, dass es Bewegungen wie die *Kirche von unten* gibt. Die wenigsten Reformen der Kirchengeschichte wurden von oben herab initiiert. Bei uns in Sankt Max sind viele Anhänger der Bewegung regelmäßig zu Gast.

Wenn christlicher Glaube nicht hinter den Kirchenmauern bleibt, sondern lebensrelevant und alltagstauglich daherkommt, entfaltet er seine ganze Schönheit. Dann interessiert die Gute Nachricht die Menschen.

Das, was viele beschäftigt, will ich ansprechen. Nicht weil es von irgendjemand »da oben« so angeordnet wird, sondern weil es auch mich persönlich umtreibt. Wir müssen ganz niederschwellig anfangen, wenn Kirche für Menschen wieder attraktiv werden soll. Und es ist nötiger denn je, all den wohlsituierten und gesetzten katholischen Organisationsformen frischen Wind einzuhauchen. Dazu gilt es vieles von dem abzulegen, was den Blick verstellt und die Schritte lähmt. Die Kirche trägt schwer an ihren Traditionen, all dem, was im Laufe der Jahrhunderte angeschafft, aufgemauert und aufgetürmt wurde. Dabei rede ich nicht nur von den Kapellen, Kirchen und Kathedralen, sondern auch von Verwaltungsgebäuden und Amtssitzen, bischöflichen Palais, wehrhaften Glaubenskongregationen und Mauern in den Köpfen. Einige Beispiele: Hohe Ämter in der Kirche werden durch besonders prunkvolle Gegenstände, sogenannte Pontifikalien, gekennzeichnet. Etwa den Hirtenstab, den Bischöfe oder der Abt im Kloster bei besonderen Gottesdiensten mit sich führen. Bei einem Hirtenstab denkt man in der katholischen Kirche nicht an einen geschnitzten Stecken, sondern an ein nobles Teil, mit Silber und Gold beschlagen und mit Edelsteinen besetzt. Ob Jesus das meinte, als er im Gleichnis vom guten Hirten spricht, der sein Leben für seine Schafe lässt?

Auch der Bischofsring und das Pektorale – ein mächtiges Kreuz, das vor der Brust getragen wird – sind oft aus Gold und gerne mit Edelsteinen besetzt. Derartige pompösen Inszenierungen lassen manche den Kopf schütteln. Dazu gehört auch die thronartige Kathedra, der Ehrensitz eines Diözesanbischofs oder des Abtes. Vor der Liturgiereform, die nun auch schon wieder fast 60 Jahre her ist, gab es noch weitere solcher Ehrerbietungen. Zum Beispiel einen Baldachin – einen Tragehimmel aus Stoff –, unter dem der Amtsträger, begleitet von der Gemeinde, mit einer Prozession in die Kirche einzog. Als Kind fand ich den Pomp in der Kirche irgendwie schick. Heute stößt er mich ab.

Immer wieder, wenn ich bei Pontifikalämtern – eine heilige Messe, die von einem Priester zelebriert wird, der zum Tragen von Pontifikalien berechtigt ist – dabei bin oder mir eine Übertragung im Fernsehen anschaue, spiele ich in Gedanken eine kleine Revolution durch. Dann stelle ich mir vor, jemand nähme diesen Kardinälen, Bischöfen und dem ganzen Klerus mal ihre Spielzeuge weg – den Prunksessel, die festlichen Gewänder, die Mitra, das schmucke Brustkreuz und den goldenen Siegelring. Statt dem Goldkelch muss ein schlichter hölzerner Becher für die Erinnerung an das Liebesmahl Christi reichen. Jede und jeder darf von diesem Kelch trinken, der hölzerne Becher geht von Hand zu Hand. Ein einfaches Brot wird gebrochen, alle bekommen ein Stück davon. Keiner wird von der Eucharistiefeier ausgeschlossen. Es ist ein Liebesmahl, so wie es Jesus gewollt hat. Ein Priester, der die Gemeinde an den Tisch des Herrn ruft und dabei eine schlichte, weiße Albe trägt, teilt es aus. Demut zeichnet ihn aus. That's it. Das wäre für mich ein Befreiungsschlag!

Wie soll ich Kindern in unserer Gemeinde die Eucharistie erklären? Gut, dass ich ihnen in meiner Bäckerei zeigen kann, wie Brot gebacken wird. Das finden sie alle total spannend: wie der Teig geknetet wird, wie er dann mit dem Schieber in den Ofen kommt. Das fertige Brot, das später auf dem Tisch in der Backstube liegt, duftet toll. Ich breche lauter kleine Stücke aus der Kruste. Jedes Kind bekommt ein Stück. »Wir teilen, so wie Jesus das Brot mit seinen Jüngern geteilt hat. Keine und keiner geht leer aus. Und wir dürfen schmecken, wie gut es Jesus mit uns meint«, sage ich. Das versteht jedes Kind. Und die Freude über das frische Brot bleibt im Gedächtnis.

*

Ich bin mir sicher: Die Kirche würde eher reicher als ärmer, wenn sie auf einiges an Glanz und Gloria verzichten würde. Wenn sie ohne einen teuren Verwaltungsapparat auskäme, ohne schicke Häuser und Wohnungen für Bischöfe und Priester, ohne einen Vatikanstaat, der zahlreiche Immobilien sein Eigen nennt.

Wer ein Haus besitzt, weiß, wie viel Arbeit damit verbunden ist. Wer mehrere Häuser besitzt, ist irgendwann nur noch mit der Verwaltung beschäftigt. Besitz bindet Zeit und Kraft. Jesus sagt: »Selig, die arm sind vor Gott; denn ihnen gehört das Himmelreich.«

Priester sollten keine Verwalter von Strukturen, Immobilien und Baudenkmälern sein, sondern die Botschaft von Jesus Christus unter die Menschen tragen. Und der spricht davon, dass wir den Tempel in unserem Herzen rein halten sollen. Barmherzigkeit und Frieden, Liebe, Achtsamkeit sind die wahren Schätze, mit denen sich die Amtsträger schmücken sollten.

Dass die Kirche machtvoll agiert und an einigen Stellen viel zu wenig Herz zeigt, ist ein Problem. Ich frage mich: Woher kommt der Hang zur Macht? Wieso muss Kirche mächtig, übermächtig auftreten? Ist dies alles nötig, um den Auftrag Jesu zu erfüllen?

Dass der Kirche inzwischen zunehmend das Geld ausgeht, betrachte ich deshalb durchaus auch als eine Chance, weil jede Krise eine Neubesinnung mit sich bringt. Einer Organisation, die sich auf Jesus beruft, der in einfachsten Verhältnissen zur Welt kam und lebte, steht jedenfalls Einfachheit gut zu Gesicht.

»Jetzt ist die Zeit, jetzt ist die Stunde. Heute wird getan oder auch vertan ...«, lautet der Refrain eines Kirchenliedes, das wir in den 80er-Jahren in meiner Heimatgemeinde gesungen haben. Zeile für Zeile lasse ich mir den Text durch den Kopf gehen. Was haben wir getan und was wurde vertan?

Der Herr wird nicht fragen:
Was hast du gespart,
was hast du alles besessen?
Seine Frage wird lauten:
Was hast du geschenkt,
wen hast du geschätzt um meinetwillen?
Ref.: Jetzt ist die Zeit, jetzt ist die Stunde.
Heute wird getan oder auch vertan,
worauf es ankommt, wenn er kommt.

Der Herr wird nicht fragen:
Was hast du gewusst,
was hast du Gescheites gelernt?
Seine Frage wird lauten:
was hast du bedacht,
wem hast du genützt um meinetwillen?
Jetzt ist die Zeit, jetzt ist die Stunde ...

Der Herr wird nicht fragen:
Was hast du beherrscht,
was hast du dir unterworfen?
Seine Frage wird lauten:
Wem hast du gedient,
wen hast du umarmt um meinetwillen?
Jetzt ist die Zeit, jetzt ist die Stunde ...

Der Herr wird nicht fragen:
Was hast du bereist,
was hast du dir leisten können?
Seine Frage wird lauten:
Was hast du gewagt,
wen hast du befreit um meinetwillen?
Jetzt ist die Zeit, jetzt ist die Stunde ...

Der Herr wird nicht fragen:
Was hast du gespeist,
was hast du Gutes getrunken?
Seine Frage wird lauten:
Was hast du geteilt,
wen hast du genährt um meinetwillen?
Jetzt ist die Zeit, jetzt ist die Stunde ...

Der Herr wird nicht fragen:
Was hast du geglänzt,
was hast du Schönes getragen?
Seine Frage wird lauten:
Was hast du bewirkt,
wen hast du gewärmt um meinetwillen?
Jetzt ist die Zeit, jetzt ist die Stunde …

Der Herr wird nicht fragen:
Was hast du gesagt?
Was hast du alles versprochen?
Seine Frage wird lauten:
Was hast du getan,
wen hast Du geliebt um meinetwillen?
Jetzt ist die Zeit, jetzt ist die Stunde …

Der Herr wird nicht fragen:
Was hast du erreicht,
was hast du Großes gegolten?
Seine Frage wird lauten:
Hast du mich erkannt?
Ich war dein Bruder um deinetwillen!

Text: Alois Albrecht, Melodie: Ludger Edelkötter [5]

10 / JESSAS!

Wie man einen moralischen Bankrott erklärt – eine Anleitung: Wir leben in einem der reichsten Länder der Erde und blicken auf ein Flüchtlingslager, in dem zeitweilig fast 20 000 Menschen untergebracht sind, die dort unter menschenverachtenden Bedingungen leben. Ein Lager, das ursprünglich für 2800 Menschen eingerichtet wurde und nun hoffnungslos überfüllt ist. Die Monate vergehen, wir sehen fast tatenlos zu, wie sich die Situation verschlimmert.

Dann brennt das Lager ab. Ob es Brandstiftung war, spielt eigentlich keine Rolle. Es ist schlimm, richtig, richtig schlimm, wie die Menschen im Herbst im Nichts stehen. Man bedauert diesen tragischen Vorfall und fordert schnelle humanitäre Hilfe. Dann gibt man sich großzügig und erklärt, »bis zu 150 Minderjährige aufzunehmen«. Schließlich sind wir eines der reichsten Länder der Erde.

Ist das euer, ist das unser Ernst?

Glauben wir eigentlich immer noch, das, was da in Moria und an vielen anderen Stellen der Welt passiert, geht uns alles nichts an? Oder anders formuliert: Deutschland und die Europäische Union sitzen das gemeinsam aus?

Lieber Gott,

der Ton in der Flüchtlingshilfe wird rauer, auch bedingt durch Wahltaktik, um den »rechten Rand« zu befrieden. Hilf uns zu verstehen, dass wir nicht alleine auf dieser Welt leben. Dass wir aufgefordert sind, endlich einzugreifen und etwas zu tun! Dass es Millionen von Menschen auf dieser Erde gibt, die vor Hunger krepieren. Menschen, die in totalitären Regimen leben müssen und irgendwann vor Krieg und unsagbaren Zuständen fliehen, um ihr Leben zu retten. Menschen, die nicht wissen, wohin – kleine Kinder, Jugendliche, Frauen und Männer, die einfach nicht mehr können. Hilf uns beim Helfen, Gott unser Vater.

Guter Gott, lass uns voller Tatendrang in die kommende Woche gehen. Lass uns Mitarbeiterinnen und Mitarbeiter der Freude sein, die diese, unsere Welt mitgestalten und verändern. Lass uns gestärkt durch diese Stunde hier das Leben meistern. Hilf und begleite uns dabei, jetzt und alle Tage, bis in Deine Ewigkeit.

Amen.

Diese Fürbitte spreche ich am Sonntag, den 13. September 2020, im Gottesdienst in Sankt Maximilian. Die schrecklichen Bilder von Familien mit kleinen Kindern, Jungen und Alten, die in den griechischen Flüchtlingslagern und an vielen anderen Stellen der Erde wortwörtlich im Regen stehen, weil sie kein Dach über dem Kopf haben, sind uns allen präsent.

Mit anderen zu teilen, die unsere Hilfe benötigen, das ist der Kern des christlichen Glaubens.

Jesus spricht in seiner sogenannten *Endzeitrede,* die im Matthäusevangelium im 25. Kapitel aufgeschrieben steht, über »sein Erbe«. Sein Reich auf dieser Erde, so sagt er, wird davon bestimmt, dass wir barmherzig handeln. Sechs Werke der Barmherzigkeit führt Jesus in seiner Rede auf. Und er hält fest: »Das, was ihr einem meiner geringsten Brüder getan habt, das habt ihr mir getan.« (Matthäus 25,40) Weiter heißt es: »Denn ich war hungrig und ihr habt mir zu essen gegeben; ich war durstig und ihr habt mir zu trinken gegeben; ich war fremd und ihr habt mich aufgenommen; ich war nackt und ihr habt mir Kleidung gegeben; ich war krank und ihr habt mich besucht; ich war im Gefängnis und ihr seid zu mir gekommen.« (Matthäus, 25, 35–36)

Paulus formuliert es im 16. Kapitel seines ersten Briefes an die Gemeinde in Korinth so: »Alles, was ihr tut, soll von der Liebe bestimmt sein.«

*

Einmal habe ich eine besondere Gottesbegegnung – oder wie immer man es nennen will. Ich bin Anfang 30 und mit einem Freund in den Bergen von Elba wandern. Als wir auf eine Anhöhe gelangen, führt eine Kastanienallee zu einer Kirche. Später erfahre ich, dass sie Saint Stephen »alle Trane« heißt. Die Bäume auf dem Weg sind ganz zerzaust, als hätte der Blitz eingeschlagen. Stufen führen hinauf zur Kirchenpforte, einer einfachen, massiven Holztür in einer von drei Rundbögen gegliederten Kalksteinfassade. Unter dem Giebel fällt durch ein steinernes Kreuz Licht in den Innenraum. Ein mystischer Ort.

Ich gehe alleine in die Kirche, während mein Freund die Umgebung erkundet. Kaum sitze ich auf der Kirchenbank, falle ich in eine Art Schlaf und erlebe eine große Glückseligkeit. Allein mit Gott. Ein Gefühl so schön und so warm wie nie zuvor. Als ich nach über einer Stunde wieder aufwache, bin ich erstaunt, wie lange ich weg war. Wo war ich? Ich weiß es nicht.

*

Jesus war Handwerker und praktisch veranlagt. Er hat nicht über Nächstenhilfe philosophiert, sondern das, was er gerade bei sich trug, geteilt. Dabei hat er nicht kleinlich abgewogen, ob der Vorrat dann noch für die nächsten Tage reicht, sondern mit vollen Händen gegeben, bis der Beutel leer war. Auch bei der in der Bibel beschriebenen Speisung der Fünftausend verteilen seine Jünger alles, was sie gerade haben – fünf Brote und drei Fische. Und alle werden satt. Das ist nicht zu fassen! Aber Jesus hat uns vorgelebt: Es geht.

Das ist die Botschaft des Gleichnisses.

Man könnte nun denken, Jesus hätte lauter religiöse Superhelden um sich geschart. Das Gegenteil war der Fall. Schau dir mal an, mit was für Typen Jesus rumgehangen hat, was das für 'ne Gurkentruppe war: Judas hat ihn verpfiffen, seinen Meister für eine Handvoll Geld an dessen ärgste Feinde verraten und sich später aufgehängt, weil er nicht mehr weiterwusste. Nach der Verhaftung Jesu haben sich die anderen Jünger versteckt. Petrus hat ihn mehrfach verleugnet. Und am Ende waren es drei Frauen, die sich getraut haben, nach dem Grab von Jesus zu schauen, während sich die anderen ängstlich weggeduckt haben, damit sie nicht das gleiche Schicksal ereilt wie ihren ehemaligen Anführer. In einer Zeit, in der Frauen gesellschaftlich nichts zu melden hatten, war dies ein deutliches Signal.

Jesus hat sich für die Schwachen starkgemacht. Wegsehen war nicht sein Ding.

Wo immer seine Hilfe gebraucht wurde, hat er sich eingemischt.

So gilt es auch für uns heute als Christen aufzustehen und Position zu beziehen, wenn Unrecht geschieht und unbarmherzige Entscheidungen getroffen werden. »Vo nix kommt nix.« Wenn du etwas ändern willst, dann musst du es machen: Menschen, die hungrig und durstig sind, zu essen und zu trinken geben. Denen, die nicht genügend Kleidung haben, etwas zum Anziehen geben. Fremde bei dir aufnehmen, Kranke und Gefangene besuchen. Und wenn der Staat nicht dafür sorgt, dass die Menschen in den Flüchtlingslagern Hilfe bekommen, dann sind wir gefragt, uns zu engagieren.

11 / DO LEGST DI NIEDA!

Vor ein paar Jahren war ich in einem kirchlichen Ausstattungsge-
schäft, um Weihrauch für unsere Pfarrei zu besorgen, als zwei
Priester in den Laden kamen. Der eine der beiden kaufte sich
nach einigem Hin und Her ein Albe, ein Gewand, das man un-
term Messgewand trägt. Ich stand da und schaute den beiden zu.

»Ah …«, sagte der eine von ihnen, »… diese Albe mit der
Brüsseler Spitze ist wirklich außergewöhnlich schön. Fühl doch
mal.« Sein Begleiter hielt den Stoff gegen das Licht, brachte
farbliche Varianten ins Spiel, verglich die Muster des Spitzenbe-
satzes: »Das eine ist etwas runder und weicher, das andere klas-
sischer. Jedenfalls sind beide sehr schick. Ich bin unschlüssig,
was besser aussieht.«

Intensiv sprachen die beiden über knitterfreie, edle Stoffe. Sie
drehten und wendeten Albe um Albe. Als Außenstehender
konnte man denken, da sind zwei Mädels beim Shoppen in der
Boutique. Es fehlte aus meiner Sicht nur noch ein Glas Prosec-
co, um das Ganze perfekt zu machen. Aber wir waren ja beim
Kirchenausstatter.

Als die beiden weg waren, habe ich mich kurz geschüttelt
und dann den Verkäufer gefragt, ob er das auch alles mitbekommen hat. Der Mann war natürlich Profi in Sachen Kirche,
verschwiegen und loyal, aber er lächelte wissend.

Wie heißt es in der kirchlichen Tradition so schön: »Der
Priester zieht Christus an …«, wenn er das Priestergewand an-

legt. Ja, und nicht irgendeines, sondern das samtige Priestergewand, das mit der klassischen weißen Spitze, das extra teure.
Alter Schwede. Nicht zu fassen.

Man hätte vermuten können, das wäre alles nur Comedy.
Gleich taucht jemand mit der versteckten Kamera auf und klärt
mich auf, dass ich gerade gefilmt wurde, weil in Sat 1 eine neue
Serie läuft.

Da stehen zwei Priester und geilen sich daran auf, was für
eine Spitze die neue Albe am unteren Rand hat. Und während-
dessen geht die Kirche an ihrer selbstgefälligen Eitelkeit zugrunde. Zum Lachen ist das alles nicht. Und zuweilen wird mir
ganz seltsam, wenn ich mir vor Augen führe, dass ich unter
Deck des lecken Kahns emsig am Pumpen bin, während auf
Deck in schicken Gewändern würdevoll nach altem Ritus zelebriert wird. An manchen Tagen zieht es einem die Beine weg –
do legst di nieda!

Manche Kleriker kommen, wenn solche Kritik laut wird, gerne mit dem Argument: »Für Christus kann es nicht schön genug sein.« So ein Quatsch! Christus würde das Schlichte bevor-
zugen. Wenn du sein Nachfolger sein willst, brauchst du keine
besonderen Klamotten. Viel lieber wäre es Jesus, wenn wir von
dem, was wir haben, anderen, die es dringender brauchen als
wir, etwas abgeben.

In der Komödie »Jesus liebt mich« taucht eines Abends Jesus
vor einer kleinen Kirche auf. Im Pfarrhaus direkt nebenan lebt
ein alter Priester. Als Jesus vor der Tür steht, bekommt der
Geistliche Panik, bugsiert Unmengen an leeren Weinflaschen in
den Backofen, wirft den Pornokalender in die hinterste Ecke
und kämmt sich frisch die Haare. Aber das ganze Theater ist
nicht nötig. Jesus hat längst geblickt, was Sache ist. Und all das
scheinbar Heilige, die ganze schöne Fassade zerbröselt dem
Priester in den Händen.

Gut zu wissen: Jesus liebt uns, egal, was wir tragen. Christus braucht keine goldenen Glaubensinsignien und keine würdevollen Zeremonien. Er schaut tief in unsere Herzen und liebt uns sogar, wenn wir Dreck am Stecken haben.

Die Zeit ist reif, um all das ans Licht zu bringen, was in düsteren Kellern der Kathedralen, Kirchen und Bischofsverwaltungen verborgen ist und für sauschlechte Luft sorgt. Den ganzen Unrat der vergangenen Jahrzehnte gilt es auszumisten. Eigene Schuld zu bekennen, Verantwortliche zu benennen, reinen Tisch zu machen und Platz für einen Neuanfang zu schaffen. Die Zeit ist reif für Reformen in der Kirche, dass Kardinäle, Bischöfe und Priester, der ganze Klerus ihre Insignien der Macht ablegen und sich auf das besinnen, was Jesus vorgelebt hat.

Das mit der Macht geht schon bei der Ausbildung der Priester los. Im Priesterseminar werden sie oft von Nonnen oder Angestellten bekocht, bekommen beigebracht, wie man würdevoll schreitet und intellektuell geschliffene Predigten vorträgt. Priester leben während ihrer Ausbildung in einer frommen Blase. Dann werden sie eines Tages geweiht, gesalbt, mit schönen Kleidern herausgeputzt und auf einen Sockel gehoben. Mit der Lebenswirklichkeit der Menschen in den Gemeinden hat das alles recht wenig zu tun.

Weniger als 60 Anwärter auf das Priesteramt gab es im Jahr 2020 – wohlgemerkt deutschlandweit! Inzwischen ist die Personaldecke so dünn, dass man vermutlich auch diejenigen nimmt, die von ihrer Persönlichkeitsstruktur eher wenig geeignet sind: verklemmte, verschrobene Typen, die noch nie mit einer Frau oder einem Mann zusammengelebt haben. Vielleicht denken jetzt einige: Das ist doch eigentlich die beste Voraussetzung für ein jahrzehntelanges Leben voller Enthaltsamkeit. Aber das sehe ich komplett anders: Geh mal mit einer ungelebten oder falsch verstandenen Sexualität ins Zölibat. Das wird vermutlich nicht gut enden.

Oft bringt das Zölibat tiefe Einsamkeit mit sich. Unerfüllte Sehnsüchte nagen an den Menschen, krankhafte Auswüchse oder andere Marotten bleiben nicht aus. Wie sollen Priester, die Partnerschaft nicht kennen, Ehepaare und Pärchen in den Gemeinden seelsorgerisch betreuen? Ohne eigene Erfahrung, wie eine Beziehung gelingen könnte? Eine reine Männergemeinschaft in der Klerikerschaft trägt nicht dazu bei, dass sich der Erfahrungshorizont weitet.

Die Zeit ist reif dafür, diejenigen Frauen und Männer, sogenannte »Laien«, die sich in der christlichen Gemeinde engagieren möchten, zu Leiterinnen und Leitern zu machen. Dadurch könnten viele kreative Kräfte hinzugewonnen werden, die für eine Belebung der Gemeindearbeit sorgen.

In manchen Regionen betreut derzeit ein Pfarrer ein bis drei Dutzend Kirchengemeinden. Einige Priester hat die katholische Kirche in Deutschland wegen Personalmangel extra aus Haiti oder Polen eingeflogen. Mancherorts feiern die Gläubigen die Eucharistie inzwischen ohne einen Priester, weil der ohnehin nur alle vier bis sechs Wochen einmal vorbeischauen und eine Messe zelebrieren könnte. Einige Geistliche verbringen, wie sie sagen, jede Woche fast ein Drittel ihrer Zeit im Auto, auf dem Weg von einem Ort zum anderen. Dass dann häufig »Laien« vor Ort – auch entgegen der ausdrücklichen Anordnung von oben – einen Teil der Aufgaben übernehmen, ist klar. Denn ganz ohne kirchliches Leben gehen die Gemeinschaften der Gläubigen zugrunde. Und wir alle leben von den Beziehungen, die wir pflegen.

Warum sollten Laien auch nicht Brot und Wein austeilen? Warum sollten wir einander nicht aus der Bibel vorlesen und uns wechselseitig segnen, so wie wir es im Gottesdienst ohnehin immer wieder tun, wenn wir einander zusprechen: »Gottes Frieden sei mit dir«? Es gibt genügend Gemeindemitglieder, die es wirklich draufhaben, andere Menschen zu begeistern – vielleicht sogar mehr als der zuständige Priester.

Stichwort Erfahrungshorizont: Ist es sinnvoll, dass nur der Pfarrer am Sonntag in der Kirche etwas zum Thema Familie sagt? Warum kann nicht die Mutter einer vierköpfigen Familie erzählen, wie ihr Alltag aussieht, welche Probleme sie hat? Und wie ihr der christliche Glaube dabei hilft, mit all den Anforderungen zurechtzukommen und Halt zu finden?! Das wäre nah dran an der Erlebniswelt der anderen Eltern in der Gemeinde. Denn hier spräche eine von ihnen. Und in jedem Christen können wir auch ein Stück weit Christus erkennen.

Der frühere Limburger Bischof Franz Kamphaus – ein beeindruckender Mann, der sich stets selbst zurückgenommen und auch manchen Weisungen aus Rom widersetzt hat – bringt es auf den Punkt, wenn er sagt: »Denke niemand, Jesus sei für uns so eine Art Vereinsgründer, an den wir uns gelegentlich erinnern. Er ist unser Leben. Es gibt Situationen, da muss man alles liegen und stehen lassen, da gibt es nur noch eins: hinter Jesus her.«

Solche Bischöfe brauchen wir in der Kirche. Männer und Frauen, die es mit der Nachfolge Jesu ernst meinen. Vorbilder, die sich durch Demut und Gradlinigkeit auszeichnen. Auch Papst Franziskus hatte in seiner bisherigen Amtszeit schon viele Momente, in denen er den Menschen wirklich nahegekommen ist. Wenn er den Bettlern auf dem Petersplatz die Füße gewaschen oder bei einem Friseur angerufen hat: »Hallo, hier spricht Franziskus.«

Das entspricht natürlich nicht dem Bild, das man sich im Vatikanstaat vom Papst gemacht hat. Deshalb hat der Mann vermutlich bereits einiges an Problemen und ist inzwischen an manchen Stellen zurückgerudert. Das hat viele enttäuscht, auch mich.

Ich träume von einem großen Konzil der Kirchen, das zusammenkommt, um über einen Neuanfang zu beraten. Dass viele Christen aufstehen und sagen: »Wir wollen eine neue, eine lebendigere Kirche. Eine, die bei den Menschen ist. Alles, was uns daran hindert, kommt auf den Prüfstand.«

Gerne würde ich bei einer solchen Kirchenkonferenz auf den Tisch hauen, sodass die ganzen edlen Kelche und goldenen Schalen durcheinandertanzen, und sagen: »Liebe Leut', es reicht! Jetzt ist Schluss mit Warten und Zaudern, nun braucht es Taten.«

Wenn es um die Zukunft geht, sollen alle mit am Tisch sitzen: die Kleriker und die Laien, Frauen und Männer, Transsexuelle, Schwule und Lesben. Evangelische, Katholische und Orthodoxe. Die lebensklugen, tatkräftigen Jungen und die jung gebliebenen Alten, die klügsten Köpfe, die nachdenklichen Mahner und die Ausgegrenzten. Und dann beginnen wir mit einer neuen Kirche. Nicht nächstes Jahr, sondern sofort. Weil irgendwann endlich Schluss sein muss mit dem Stillstand und der Schockstarre. Alle, die etwas bewegen wollen, sollen mit anpacken.

Dafür braucht es Klarheit, Mut und Geschick. Jesus sagt: *Niemand näht ein Stück neuen Stoff auf ein altes Gewand; denn der neue Stoff reißt vom alten Gewand ab und es entsteht ein noch größerer Riss. Auch füllt niemand jungen Wein in alte Schläuche. Sonst zerreißt der Wein die Schläuche; der Wein ist verloren und die Schläuche sind unbrauchbar. Junger Wein gehört in neue Schläuche.* (Markusevangelium, 2. Kapitel, Verse 21 und 22)

Was bedeutet das konkret für die Kirche?

Zunächst einmal Abschied nehmen vom Alten. Das löchrige Gewand nicht wieder und wieder flicken, sondern ab damit in die Tonne. Und dann ein Neues anschaffen, eins ohne Goldborte und Chichi. Sondern schlichtes, einfarbiges Leinen. Oder noch besser: sich so kleiden, wie es alle tun. Ideen hätte ich viele. Es würde der Kirche auch gut zu Gesicht stehen, sich bei dieser Gelegenheit von manchem anderen zu trennen.

Geld ist ein heikles Thema, wenn es um Glauben geht. Jesus schafft Klarheit, wenn er sagt: *Denn wo euer Schatz ist, da ist auch euer Herz.*

Es lohnt sich, seine im 12. Kapitel des Lukasevangeliums überlieferte Rede ganz zu lesen:

Jesus erzählte ihnen folgendes Gleichnis: *Auf den Feldern eines reichen Mannes stand eine gute Ernte. Da überlegte er bei sich selbst: Was soll ich tun? Ich habe keinen Platz, wo ich meine Ernte unterbringen könnte. Schließlich sagte er: So will ich es machen: Ich werde meine Scheunen abreißen und größere bauen; dort werde ich mein ganzes Getreide und meine Vorräte unterbringen. Dann werde ich zu meiner Seele sagen: Seele, nun hast du einen großen Vorrat, der für viele Jahre reicht. Ruh dich aus, iss und trink und freue dich! Da sprach Gott zu ihm: Du Narr! Noch in dieser Nacht wird man dein Leben von dir zurückfordern. Wem wird dann das gehören, was du angehäuft hast? So geht es einem, der nur für sich selbst Schätze sammelt, aber bei Gott nicht reich ist.*

Und er (Jesus) sagte zu seinen Jüngern: Deswegen sage ich euch: Sorgt euch nicht um euer Leben, was ihr essen sollt, noch um euren Leib, was ihr anziehen sollt! Denn das Leben ist mehr als die Nahrung und der Leib mehr als die Kleidung. Seht auf die Raben: Sie säen nicht und ernten nicht, sie haben keine Vorratskammer und keine Scheune; und Gott ernährt sie. Wie viel mehr seid ihr wert als die Vögel! Wer von euch kann mit all seiner Sorge sein Leben auch nur um eine kleine Spanne verlängern? Wenn ihr nicht einmal etwas so Geringes könnt, warum macht ihr euch dann Sorgen um das Übrige? Seht euch die Lilien an, wie sie wachsen: Sie arbeiten nicht und spinnen nicht. Doch ich sage euch: Selbst Salomo war in all seiner Pracht nicht gekleidet wie eine von ihnen. Wenn aber Gott schon das Gras so kleidet, das heute auf dem Feld steht und morgen in den Ofen geworfen wird, wie viel mehr dann euch, ihr Kleingläubigen! Und darum auch ihr: Sucht nicht, was ihr essen und was ihr trinken sollt, und ängstigt euch nicht! Denn nach alldem streben die Heiden in der Welt. Euer Vater weiß, dass ihr das braucht. Vielmehr sucht sein Reich; dann wird euch das andere dazugegeben. Fürchte dich nicht, du kleine Herde! Denn euer Vater hat beschlossen, euch das Reich zu geben. Verkauft euren Besitz und gebt Almosen! Macht euch Geldbeutel, die nicht alt werden! Verschafft euch einen Schatz, der nicht abnimmt, im Himmel, wo kein Dieb ihn findet und keine Motte ihn frisst! Denn wo euer Schatz ist, da ist auch euer Herz. Lukas 12,16–34

Wow: Verkauft euren Besitz! Verschafft euch einen Schatz, der nicht kleiner wird!

Wie wäre es, wenn Gemeinden ihre Priesterin oder ihren Priester zukünftig selbst finanzieren und der Staat keine Kirchensteuern mehr eintreibt? Wenn Kirchen, Pfarr- und Gemeindehäuser von den Christen aus dem jeweiligen Bezirk selbst in Ordnung gehalten werden? Wenn Kardinäle und Bischöfe ihre Palais räumen und in einfache Wohnungen umziehen? Das wäre ein starkes Signal.

Über Limburg habe ich bereits gesprochen; über jenen Bischof, der weltweit für seinen exklusiven Geschmack und seinen speziellen Umgang mit Geld bekannt wurde. Und auch über seinen Vorgänger, Franz Kamphaus. Der Mann war ganz anders. Die Menschen im Bistum schätzten und liebten ihn nicht zuletzt deshalb, weil er einen gebrauchten Golf fuhr. Er verzichtete auch auf einen Fahrer, sparte das Geld für andere

Projekte und klemmte sich selbst hinter das Steuer. Oft war er in ausgelatschten Schuhen zu Fuß in der Stadt unterwegs. Seinen Bischofsstab und sein Brustkreuz ließ der Seelsorger aus einem Eichenbalken des elterlichen Hofes in Tetekum schnitzen. Das große Bischofshaus überließ er einer Familie, die den Raum dringender brauchte als er. Er selbst schlief in einer kleinen Wohnung im Priesterseminar. Sein Beispiel hat leider nicht überall Schule gemacht. Aber immerhin wohnt Georg Bätzing, der Nachfolger des Bling-Bling-Bischofs mit dem adeligen Namen, in einem einfachen Haus am Fuße des Schafsbergs in Limburg. Der superschicke und sauteure Bischofssitz auf dem Domberg steht seit Jahren leer. Zu groß ist anscheinend die Scham über das, was dort geschehen ist.

Der Besitz der Kirche – die Größe der Bauwerke, die sie ihr Eigen nennt, die Anzahl der kirchlichen Mitarbeiter oder der Kontostand –, das alles zählt am Ende nicht. Viel entscheidender ist die Frage: Wie können wir die Botschaft der Liebe und der Freiheit, die Jesus auszeichnet, den Menschen von heute nahebringen? Und das in einer Zeit, die schnelllebig und unruhig ist und in der viele Menschen nach Wahrhaftigkeit und Sinn suchen – aber der Kirche nur noch wenig zutrauen? Positive Signale braucht es mehr denn je. Es ist deshalb an der Zeit, aufzustehen und sich für ein neues Miteinander starkzumachen. Sich hinzustellen und zu sagen: »Wir hören jetzt damit auf, uns als Christen voneinander zu distanzieren. Wir glauben an ein und denselben Gott, wir kennen die gleichen biblischen Geschichten. Wir sind eins. Und wenn Christus für uns ist, warum sollten wir gegeneinander sein? Nach über 500 Jahren Diskussion könnten wir endlich die Schranken niederreißen und als Protestanten und Katholiken gemeinsam Gottesdienst feiern. Was wäre das für ein Zeichen! Dass alle gemeinsam feiern, weil wir an *einen* Gott glauben, der mitten unter uns wohnen will!

Theologische Spitzfindigkeiten haben in meiner Welt nichts verloren. Ich bin mir sicher: wenn wir es schaffen, uns auf wenige Eckpunkte zu verständigen, würde sich das meiste andere einfach von selbst ergeben. Das evangelische Abendmahl und die katholische Eucharistiefeier haben eine gemeinsame Wurzel.

All die Bräuche und Regeln, die rings um das vom Gottessohn initiierte Mahl im Laufe der letzten 2000 Jahre entstanden sind, sind schön. Aber sie sind nicht allein seligmachend, sondern Beiwerk. Der Kern ist ein anderer – die Liebe und die Gemeinschaft, um die es Jesus ging. Sein Versprechen, dass wir mit ihm und untereinander Gemeinschaft feiern können, ist entscheidend. Gerade jetzt sind Christinnen und Christen gefragt, von der Hoffnung zu erzählen, die sie haben. Davon, was ihr Leben reich macht. Dass es Schätze gibt, die nicht in Bankschließfächern oder auf Sparbüchern ruhen. Schätze, die sie im Herzen tragen. Und den Schatz der Gemeinschaft.

Ich frage jedenfalls nicht danach, wer vor mir steht, wenn ich die Kommunion im Gottesdienst austeile. Wer bin ich denn, dass ich das Recht dazu hätte? Auch der protestantischen Ehefrau eines katholisch getauften Mannes oder einem Muslim würde ich die Kommunion austeilen, wenn sie oder er danach verlangt. Denn die Kommunion gehört nicht mir. Sie ist auch nicht das Eigentum der katholischen Kirche. In der Eucharistie feiern wir Gemeinschaft mit Jesus Christus.

Hat Jesus an jenem Abend in Jerusalem, kurz vor dem Passahfest, jeden Einzelnen am Tisch gefragt: Sag mal, bist du auch gut katholisch? Wenn nicht, dann bist du raus. Kein Brot. Kein Wein. Was für eine Tischgemeinschaft wäre das? Aber nein, Jesus hat das nicht gefragt. Er hat allen die Füße gewaschen, und jeder hat etwas abbekommen. Sogar der, von dem er wusste, dass er ihn wenig später verraten wird.

146

Theologie ist die Summe dessen, was die Kirche über die Jahr-tausende an Erfahrungsschatz angesammelt hat, aber in die Mitte gehört Jesus von Nazareth. Und wenn die Theologen und Glaubenspräfekte der Kirche sagen: »Du darfst die Oblate kei-nem Nicht-Katholiken geben«, ist mir das so was von wurscht. Ich halte mich an Christus und sein Vorbild. Punkt. Amen.

Vorletztes Jahr war ich wieder einmal in Kapstadt und habe dort einen Gottesdienst in der anglikanischen Kirche besucht. Die katholische Liturgie war mir vertraut. Aber als die Tür auf-ging und die Bischöfin mit einigen Priesterinnen durch den Mittelgang in Richtung Altar ging, dachte ich: »Wunderbar – geht doch.« Und dann die Musik, die Lieder, herzliche Umar-mungen, die Emotionen, denen die Gläubigen dort Raum ge-ben … Sie laden alle ein, mitzugehen, zu lachen und das Leben zu feiern. Da werden alle Register gezogen, um zu zeigen, dass Gott die Liebe ist. Und dass Glaube und Freude ein Paar sind. Liturgie muss Freude machen!

Mein Lieblingsbibelvers lautet: »Wir sind nicht Herren über euren Glauben, sondern wir sind Mitarbeiter eurer Freude.« (2. Korinther 1,24)

12 / MIT BLOSS BLÖD SCHAU'N
KIMMST A NED VORAN

Jetzt kommt das Aber: Freude und Kirche scheinen sich in der öffentlichen Wahrnehmung meist auszuschließen. Die Freude wird oftmals verdrängt von den schlechten Nachrichten.

Schadenfreude, die gibt es schon – wenn man sieht, was da gerade wieder alles in Köln, Freiburg oder München und an vielen anderen Orten gegen die Wand gefahren wird. Mir ist es oft peinlich, wenn mich Freunde anquatschen und fragen: »Sag mal, was findest du eigentlich noch gut an deinem Verein?« Natürlich lasse ich mir dann die Butter nicht vom Brot nehmen und beziehe Position. Aber einfach ist es nicht, eine Lanze für das zu brechen, was man selbst zum Teil total abstoßend findet.

Vor Kurzem habe ich von Missbrauchstaten im Bistum Speyer gehört, an denen Nonnen und mehrere Priester beteiligt gewesen sein sollen. Eines der Opfer, dessen Klage ein Darmstädter Sozialgericht im Mai 2020 recht gab, wurde nach eigener Aussage in über 1300 Fällen sexuell missbraucht. »Systematisch«, so zitiert die FAZ den heute 63-jährigen Mann, habe der Missbrauch in seiner Zeit als Ministrant nach seiner »Zwangstaufe« begonnen. »Er sei einem Priester zugeordnet gewesen, der auch sein Beichtvater gewesen sei, so sei der Kreis immer geschlossen gehalten worden«.[6]

Wie perfide, wie widerlich! Auch, dass es ausgerechnet Schwestern des Ordens »Vom Göttlichen Erlöser« waren, die hier ihre Finger im Spiel hatten! Wie kann man den Namen seines Gottes so derartig in den Dreck ziehen?

Zweifel am Glauben habe ich nicht. Aber Zweifel an der Kirche. Und immer wieder frage ich mich: Warum sagte denn jahrzehntelang kaum einer der Kirchenoberen etwas zu alldem – weshalb schritt niemand, der davon wusste, ein?

Katholiken sind viel zu lange nicht gegen die herrschenden Zustände aufgestanden, zumindest nicht in Massen. Seit einiger Zeit werden zum Glück die Rufe nach Reformen lauter. Maria 2.0 und andere Bewegungen machen deutlich, dass die Geduld erschöpft ist. Aber dass Hunderttausende in Großstädten auf die Straße gehen und für eine neue Kirche demonstrieren? Das gibt es bis heute leider nicht. Manchmal glaube ich, wir sind inzwischen als Organisation derart unattraktiv und uninteressant geworden, dass es eh niemanden mehr interessiert, was wir treiben. Und dass diejenigen, die selbst jetzt noch dabei sind, vieles schlucken.

Es gibt den schönen Satz: »Wir sind als Christen zur Freiheit berufen.« Aber in der katholischen Kirche in Freiheit zu leben, zu lieben und zu denken, ist schwierig. Es ist um einiges leichter, einem Mann in Weiß hinterherzurennen oder sich auf einen Glaubenspräfekten zu berufen, die dieses oder jenes sagen, als ein eigenes Profil zu gewinnen.

Die Missbrauchsskandale, die schrecklichen, von Priestern und anderen kirchlichen Mitarbeitern begangenen Taten haben der auch vorher schon vorhandenen Kirchenkritik auf ganzer Linie recht gegeben. Und ich verstehe diejenigen, die sagen: »Es reicht jetzt.«

All das schreckliche Geschehen in Kirchen und Klöstern, Priesterseminaren und Schulen, kirchlichen Freizeitheimen und Seelsorgeeinrichtungen rings um den Globus ist absolut unbegreiflich und kann eigentlich gar nicht wahr sein. Hinzu kommt der Hang, manches lieber nicht ans Licht der Öffentlichkeit dringen zu lassen.

Zum Glück gibt es auch positive Beispiele: Helmut Dieser, der Bischof von Aachen, handelt vorbildlich. Er hat bei einer Anwaltskanzlei ein umfangreiches Gutachten in Auftrag gegeben, das im November 2020 im Rahmen einer Pressekonferenz vorgestellt wurde. Im Internet kann sich jeder, den es interessiert, das Dokument herunterladen.[7] Auf über 400 Seiten ist im Gutachten nachzulesen, wie kirchliche Amtsträger seit 1965 mit sexualisierter Gewalt im Bistum Aachen umgegangen sind. Das finde ich bemerkenswert. Offenheit ist der erste Schritt! »Mit bloß blöd schau'n kimmst a ned voran …«

Der Untersuchungsbericht schildert zum Beispiel, dass ein Pfarrer, der in der Vergangenheit bereits mehrfach durch sexuelle Missbrauchstaten aufgefallen war, wieder in einer Pfarrei eingesetzt wurde. Dort kam es dann erneut zu Missbrauchshandlungen. Transparenz war damals nicht erwünscht. Im Gegenteil. Der leitende Redakteur einer Kirchenzeitung, der über die Taten berichtet hatte, wurde vom zuständigen Generalvikar deswegen gemaßregelt und aufgefordert, zukünftig derartige Artikel vor der Veröffentlichung zur Genehmigung vorzulegen.[8] Uff.

Es geht nicht um Fehlverhalten in Einzelfällen. Viele der geschilderten Fälle zeigen, dass Verschleierung und Vertuschung die Regel waren! Wenn Insider erzählen, kommt einem das Grauen. Das Kirchenrecht schützt die Priester – aber nicht die Opfer. Geahndet wurde der sexuelle Missbrauch, wenn überhaupt, oftmals nur als Verstoß gegen das Zölibat. Das ist mit Blick auf die meist schwer traumatisierten Opfer, die in der Regel ihr ganzes Leben unter den Taten leiden, viel zu wenig!

Immer wieder hat die Kirche versucht, Opfer zum Schweigen zu bringen, indem sie ihnen Unglaubwürdigkeit unterstellte oder von Einvernehmlichkeit sprach, die es angeblich mit Blick auf die sexuellen Handlungen gegeben habe. Und wer's Maul aufmachte und redete, wurde ausgegrenzt. All das zeigt auch der Untersuchungsbericht aus Aachen in schonungsloser Klarheit.

Ein »Mea Culpa«, ein tiefes und echtes Bedauern der eigenen Schuld hat es von den verantwortlichen Würdenträgern bisher nur selten gegeben. Stattdessen reden einzelne Akteure von einer »Mitverantwortung« – oder, was ich noch viel schlimmer finde, von ihren eigenen Schwierigkeiten bei der Auseinandersetzung mit den Geschehnissen. Der frühere Aachener Bischof Heinrich Mussinghoff etwa sagt, dass ihn Gespräche mit minderjährigen Missbrauchsopfern überfordert hätten. Deshalb hat er solche Zusammenkünfte vermieden. Nicht zu fassen!

Bischof Helmut Dieser hat mit dem Beauftragen der Studie einen mutigen ersten Schritt gewagt. Wie gut wäre es, wenn andere Bistümer seinem Beispiel folgen und das Deckmäntelchen aus Verschwiegenheit und Scham endlich anheben würden, sodass der Saustall klerikaler Schuld und Verleugnung ausgekehrt werden könnte. Alle, die in dem Laden mitmischen, sollten darauf drängen, dass mit dem Aufräumen begonnen wird. Wir müssen den Verantwortlichen sagen: »Hört auf, ständig vom Himmel zu erzählen, wenn in den heiligen Hallen die Hölle Einzug gehalten hat. Da stimmt doch irgendwas nicht bei der Auswahl eures Bodenpersonals.«

Wie oft habe ich in kirchlichen Kreisen verklemmte, schräge Typen erlebt, die im normalen Alltag kaum zurechtkommen würden. Es gibt Priester, denen es wichtiger ist, welche Altardecke aufliegt oder wie das neue Vortragekreuz aussieht, als Nähe zur Basis herzustellen. Ich bin ein Fan der Liturgie, aber das heilige Theater braucht Grenzen.

Meine Freundin Anita sagt: »Wenn bei der Eucharistie die Wandlungsworte gesprochen werden und danach das Hochgebet kommt, kann ich nicht mehr zuhören. Da steige ich aus.« Ich habe die Vermutung, dass dies vielen anderen auch so geht, weil die Liturgie tatsächlich lang und schwer verständlich ist.

Eine Gemeinde, ein einzelner Pfarrer, kann keine Liturgiereform durchsetzen. Der Rahmen ist vorgegeben. Wer ausscheren will, dem wird gesagt, dass er dann »nimmer katholisch« ist.

Eine Stimme reicht nicht. Aber wenn eine Viertelmillion Katholiken in Deutschland aufstehen und sagen würden: »Wir wollen das jetzt sofort anders!«, dann geht was, da bin ich mir sicher. 1970 hat man abgeschafft, dass der Priester den Gottesdienst mit dem Rücken zur Gemeinde zelebriert. Seitdem schaut er den Leuten ins Gesicht. Das ist 50 Jahre her.

Was wäre der nächste Schritt bei der Liturgiereform?

Ein paar Anzeichen, dass Bewegung in die verfahrene Situation kommt, gibt es schon. Erster Hoffnungsschimmer: katholische Ordensschwestern, die sagen, sie wollen in der Kirche mitbestimmen. Das gab es vor zehn Jahren in dieser Form noch nicht. Die Frauen von Maria 2.0 machen vor, wie es geht. Deren freche, provokante Aktionen rütteln auf.

»Auftreten statt austreten« muss die Divise sein, damit der alte Kirchenkahn nicht eines Tages plötzlich ohne Besatzung daliegt. Oder nur noch Leisetreter und Langweiler an Bord hat. Hey – lasst uns gemeinsam die Stimme erheben und sagen, was ist. Lasst uns laut sein! Ich will nicht in einem Verein von Spaßbremsen unterwegs sein. Leidenschaftlich zu leben bedeutet zu lieben, zu genießen, das Dasein mit all seiner Schönheit in sich aufzusaugen. Neugierig zu sein, stets aufgeschlossen dem gegenüber, was kommt. Ich glaube, vieles ist möglich.

*

Seit Langem begleitet uns als Gemeinde ein fünf Meter langes Boot, das ich einem Schiffsmeister am Starnberger See für 'nen Hunderter abgekauft habe. Der Mann hatte das heruntergekommene, ziemlich verwitterte Teil bei sich im Garten stehen. Rainer und ich haben es dort gemeinsam mit einem Pkw-Anhänger abgeholt und nach München geschippert. Das war eine Fuhre …

Ein ganzes Jahr lang stand das Schiff mit dem blau lackierten Boden dann in Sankt Max. An Karfreitag war es das Grab Christi, an Ostern diente es als Altar, an Weihnachten als Krippe. Staunend haben die Menschen davorgestanden und sich daran gefreut, dass wir im wahrsten Sinne des Wortes einen guten Begleiter durch das Jahr hatten. In solchen Momenten bekomme ich Gänsehaut vor Rührung und vor Freude. Dann denke ich: Wie gut, dass wir es wagen, immer wieder etwas Neues auszuprobieren. Umbrüche sind Einladungen, einen Richtungswechsel vorzunehmen und dem Glauben auf überraschende Weise Ausdruck zu verleihen.

In der Fastenzeit streue ich einen Sandweg von der Pforte bis zum Altar. In der Osterzeit bringen wir die Wüstenlandschaft dann mit Dutzenden von grünen Pflanzen und Blumenstöcken zum Blühen. Auch einen Brunnen gibt es, aus dem Wasser sprudelt.

In einem anderen Jahr starte ich in Sankt Max vor Ostern eine Aktion, bei der 40 einzelne Personen, Paare oder Familien jeweils ein großes Holzkreuz so gestalten können, wie es ihnen gefällt. Ein befreundeter Schreiner fertigt die Kreuze, jedes gut 1,80 Meter hoch. Die verteilen wir dann an alle, die sich als »Paten« melden. 40 Kreuze für 40 Tage Fastenzeit. Die Ergebnisse sind toll, auch sehr verschieden: Eine Kreuz mutet asiatisch an, ein anderes ist mit filigranen Mustern geschmückt; das nächste in Regenbogenfarben lackiert. Einer hat Bilder seiner Eltern an den Querbalken geheftet. Manche Kreuze sind komplett bemalt, andere nur sehr reduziert mit einer klaren Botschaft beschriftet. Keines gleicht dem anderen. Und doch ist die Grundform immer gleich. Ein schönes Bild.

In der katholischen Kirche ist es so, dass am Karsamstag die Kirchen tagsüber geschlossen bleiben, um auszudrücken, dass wir uns voller Trauer an den Tod Jesu erinnern. Und dann feiern wir von Samstag auf Sonntag die Osternacht. Um 5 Uhr früh kommen die Menschen in der noch dunklen Kirche zusammen. An der großen Osterkerze wird eine kleine Kerze entzündet, mit der die Besucher – bevor sie diese weiterreichen – eine eigene Kerze entzünden, bis die gesamte Kirche erleuchtet ist.

So ist es auch in diesem Jahr. Und während es heller und heller wird, erkennen die Menschen, dass im Mittelgang der Kirche, am Ende jeder Bankreihe, ein anderes Kreuz steht. Jedes erzählt seine eigene Geschichte. Es ist unglaublich spannend an den Reihen entlangzugehen und zu sehen, wie unterschiedlich die Gestalter das Kreuz geschmückt haben. Da jeder, der sich beteiligt hat, Freunde und Familie mitbringt, zieht die Aktion große Kreise. In den nächsten Tagen kommen immer wieder kleine und große Gruppen von Menschen in die Kirche und beschäftigen sich mit den Kreuzen. Was für 'ne geile Aktion! Kunst und Kirche sind überhaupt ein gutes Paar.

Einmal haben wir den Grafitti-Künstler Loomit zu Gast, der in Sankt Max ein monumentales Wandbild auf Leinwand sprüht. Ein Bild, so groß wie zehn hochkant aufgestellte Tischtennisplatten. Der Künstler fühlt sich bei uns in der Gemeinde sofort wohl. Und sein farbenfrohes Bild – direkt unter den ehrwürdigen Steintafeln mit den Aposteln und Heiligen angebracht – regt zu vielen Diskussionen an.

Ein anderes Mal inszenieren wir zu Ostern die Leidensgeschichte Jesu als Theaterstück, das von einigen Jugendlichen im

Karfreitagsgottesdienst aufgeführt wird. Spannend sind die Fragen, die bei den Proben aufkommen. »Warum handelt Jesus so und nicht anders?« »Weshalb flieht er nicht rechtzeitig, als er bemerkt, dass man ihn töten will?« Oder: »Wie kann Judas Jesus verraten, wo er ihn doch angeblich liebt?« »Wieso kommt es zur Kreuzigung, obwohl Gott allmächtig ist?« Auch Pilatus richtet in der Geschichte, die wir auf die Bühne bringen, eine Frage an Jesus: »Was ist Wahrheit?«. Jesus gibt ihm darauf keine Antwort. Schauspieler und Publikum tauchen jedenfalls tief in das Geschehen ein.

*

In Bayern gibt es die Tradition der Heiligen Gräber, ein Brauch aus der Barockzeit.

Eine Christusfigur wird in der Karwoche in der Kirche aufgebahrt. Nach der Karfreitagsliturgie wird die Figur dann abgedeckt. Wir erinnern uns an den Tod unseres Herrn.

Dass diese Gräber, die ich gestalte, anderes aussehen als die klassischen Vorbilder, versteht sich. Vor zwei Jahren habe ich eine Christusstatue auf ein Pflegebett gelegt, mit jeder Menge Gerätschaften drumherum. Wie auf der Intensivstation. Ein anderes Mal lag die Statue – eine edle Figur aus den 20er-Jahren des letzten Jahrhunderts – als Penner in einem großen Karton. Glaube reicht bis nach unten, ganz nach unten. Dorthin, wo es stinkt. Wo es unangenehm wird.

Solche Darstellungen erstaunen und werfen Fragen auf, ebenso wie die Tatsache, dass wir den Gottesdienstbesuchern am Gründonnerstagabend beim Betreten der Kirche die Hände waschen. Ein Moment des Innehaltens, den wir dann im Gottesdienst aufgreifen.

Der römische Statthalter Pilatus hat vor 2000 Jahren in Jerusalem seine Hände »in Unschuld gewaschen«, nachdem er dem Volk die Wahl überlassen hatte, ob er den Verbrecher Barnabas oder Jesus kreuzigen soll. Wie die Geschichte ausging, ist bekannt.

Jesus hat sich zu seinen Jüngern hinabgebeugt, um ihnen die Füße zu waschen. Das war zu seiner Zeit ein Zeichen der Ehrerbietung. Der Meister wäscht die vom Straub der Straße dreckigen Füße derjenigen, die ihn verehren und ihm folgen. Dies entsprach so gar nicht den Vorstellungen der Menschen damals. So ist es bis heute geblieben.

*

Nähe und Beteiligung herzustellen, das ist so wichtig. Deshalb wird auch einmal in einem Kindergottesdienst an Heiligabend bei uns in der Kirche getanzt. Dafür habe ich eine Tänzerin und zwei Tänzer aus dem Gärtnerplatztheater eingeladen. Im Vorfeld erarbeiten die beiden mit uns eine Choreografie. Jugendliche aus der Gemeinde bringen sich mit viel Freude ein und machen mit. Dann kommt Heiligabend. Die Musik reißt alle mit, die Gottesdienstbesucher stehen auf, bewegen sich im Rhythmus der Musik. Einige treten aus den Bankreihen heraus, tanzen und applaudieren. Wie schön!

Es geht darum, Freude am Glauben zu leben. Das ist so wichtig! Liturgie muss Spaß machen dürfen. Viel zu oft geht es in der Kirche um den Opfergedanken. Man spricht vom »Messopfer«, andere wollen sich für ihren Glauben opfern. Aber Glaube soll guttun, Sakramente sind für den Menschen da. Für dich und für mich. Und genau das versuchen wir in Sankt Max zu vermitteln. Deshalb kommen die Leute zu uns.

Foto: © Stefan Linde

13 / WIE DU AUS ALLEM
DAS BESTE MACHEN KANNST

Vor über zehn Jahren habe ich das erste Mal einen Martinsumzug bei uns im Viertel organisiert. Am Anfang waren einige Dutzend Kinder mit ihren Eltern dabei. Gemeinsam haben wir gesungen und die Laternen in der Dunkelheit leuchten lassen. Sankt Martin ist auf dem Pferd vorausgeritten und zum Schluss haben wir uns alle in Sankt Maximilian versammelt. Weil es so schön war, wurde die Veranstaltung von Jahr zu Jahr größer und größer. Natürlich wuchs damit auch der logistische Aufwand. Zuletzt kamen mehr als tausend Menschen aus allen Münchner Stadtteilen zusammen. Dann habe ich vorgeschlagen, vonseiten des Ordinariats einen zentralen Martinsumzug für alle Münchner Innenstadtgemeinden zu veranstalten. Gerne habe ich mitgeholfen, das auf die Beine zu stellen. Und wieder wurde es ein voller Erfolg. Jede Menge Familien mit ihren Kindern kamen zusammen.

Nach dem ersten Umzug im neuen Rahmen war allen klar: Keine Münchner Kirche außer dem Dom ist groß genug, um die Menschenmassen zu fassen, die sich zum festlichen Abschluss des Martinsumzuges versammeln. Im nächsten Jahr würden wir den Dom als Ort für die Schlussveranstaltung brauchen. Aber die Planung war kompliziert, denn bei Veranstaltungen im Dom wollen alle möglichen Leute mitreden. Die Diskussion darüber, was dort in welcher Form überhaupt stattfinden darf, war mehr als zäh. Wer einmal bei größeren Vereinssitzungen mitgemischt hat, weiß, wovon ich rede. Sankt Martin durfte beispielsweise nicht mehr mit dem Pferd in die Kirche kommen, es gab längere Diskussionen in Sachen Liedauswahl, ebenso über die richtige Verteilung der Martinsbrezeln und darüber, wer die Ansprache halten soll. Ich habe kräftig mitgemischt und dagegengehalten, wenn ich anderer Meinung war. Die Veranstaltung wurde dann trotz der schwierigen Planungen ein Erfolg. Doch im Jahr darauf wurde ich nicht mehr zu den Vorbereitungstreffen eingeladen. Anscheinend hatte man vergessen, wer das Ganze einmal angeschoben hatte.

Jetzt könnte man denken, dass ich deswegen verbittert gewesen wäre. Nein, das nicht. Aber enttäuscht durchaus. Doch ich lasse mir von so etwas die Freude nicht lange vermiesen. Generell ist Trübsal nicht mein Ding. Es gibt zwei Arten, mit so etwas umzugehen: Die einen haben immer den Eindruck, dass man ihnen übel mitspielt. Dass sie beim Spiel des Lebens schlechte Karten haben – und keine Chance, das Blatt zu wenden. Und die anderen lachen dem Leben entgegen, egal, was kommt. Zu diesen Menschen zähle ich mich.

Klar, ich werde auch mal grantig, wenn man mir übel mitspielt. Aber dann schüttele ich mich und überlege, wie ich aus dem ganzen Gelump doch noch etwas Vernünftiges machen kann. Es ist ja nie alles schlecht. Im größten Misthaufen steckt immer noch ein Halm Hoffnung.

Manchmal streite ich mit Gott. Ich stelle ihm dann die Frage: »Was ist denn hier los? Warum lässt du das alles zu?« Dann erinnere ich mich bewusst an das Gleichnis vom verlorenen Sohn. Der ist ausgezogen, um in der Fremde sein Glück zu suchen. Am Ende steht er mit leeren Händen da. Aber sein Vater kommt ihm mit offenen Armen entgegen und veranstaltet vor lauter

Freude über das Wiedersehen ein rauschendes Fest. Genau diesen lieben Gott, der uns Vater und Mutter ist, habe ich vor Augen. An den glaube ich. Einen großen, weitherzigen Gott. Mit ihm an meiner Seite kann ich auch denjenigen gelassen entgegentreten, die mir übel mitspielen wollen. Und denen, die mir sagen, dass meine Gottesvorstellung zu kurz greift, weil in der Bibel den Sündern ewige Verdammnis droht, sage ich, dass alles, was aus Liebe geschieht, nicht falsch sein kann.

Ich glaube nicht an die klassische Hölle. Für mich ist Hölle das, was die Menschen hier auf Erden sich immer wieder selbst bereiten. Indem sie ein Leben leben, das nicht das ihre ist. Indem sie Berufe wählen, die sie eigentlich gar nicht ausfüllen wollen. Indem sie zwar irgendwie funktionieren, aber ohne hinter dem zu stehen, was sie tun. So manövrieren wir uns selbst ins Aus. Ein sinnentleertes, unerfülltes Leben zu führen, das ist für mich »Sünde«, auch wenn ich mit dem Wort so meine Schwierigkeiten habe (daran bist du schuld, liebe Kirche).

Scheitert eines meiner Projekte, bin ich natürlich traurig und enttäuscht. Wer kennt das nicht? Die Idee schien so gut, aber dann wollte kaum einer mitmachen. Oder das Vorhaben wurde zerredet, bis keiner der Beteiligten mehr so richtig Lust hatte. So etwas passiert, das ist normal. Dann denke ich: »Hey, konzentriere dich auf die Dinge, die Spaß machen. Schau auf das, was läuft.« Und das ist ja jede Menge. In Gottes großem Garten, in seinem Reich voller Wunder, gibt es noch so viel zu entdecken!

Eines steht fest: Ohne Dr. Heye, den Arzt in der Klinik, der mir damals Mut gemacht hat, dass auch mit Epilepsie ein gutes Leben möglich ist und ich unglaublich viele Möglichkeiten habe, etwas zu gestalten, würde ich heute vermutlich immer noch in der Büromöbelfabrik im Siegerland Kunststoffteile zusammenstecken oder Regalböden lackieren. Das wäre übel langweilig geworden …

Jahrelang habe ich CSU gewählt, klar, wegen dem C. Bis der sogenannte Kreuzerlass kam. Es macht für mich keinen Sinn, dass man per Verordnung festlegt, dass in jeder bayrischen Amtsstube ein Kreuz zu hängen hat. Ob man ein Kreuz an einem Silberkettchen um den Hals trägt oder ein Kruzifix an die Wand hängt, entscheidet jeder selbst. Glaube ist überall, egal, ob mit oder ohne Zeichen.

Heute sitze ich für die Grünen im Bezirksausschuss und gestalte das gesellschaftliche Leben in meinem Stadtteil bewusst mit. Das mache ich supergerne.

Jedes Viertel in München hat einen solchen Bezirksausschuss, in dem alle Parteien vertreten sind. Hier ist man nah dran an den Menschen, kann sinnvolle Projekte anschieben und mitgestalten. Zum Beispiel kann man dafür sorgen, dass die Kinder einen schönen Spielplatz bekommen, dass der Stadtpark vom Müll befreit oder etwas für den Zusammenhalt getan wird. Die Grünen sind im Glockenbachviertel sehr gut vertreten und bilden mit der Rosa Liste, die für die Schwulen und Lesben eintritt, eine Fraktion. Gleich bei der ersten Wahl, zu der ich mich aufstellen ließ, wurde ich in den Bezirksausschuss gewählt. Darüber habe ich mich echt gefreut.

Im Glockenbachviertel kennt man mich und meine verschieden Rollen: als Lokalpolitiker, als Mann der Kirche, als Organisator von Konzerten, Festen und Feiern und natürlich als Gastronom. Alle von mir eröffneten Lokale, das Eiscafé und die Bäckerei waren und sind beliebte Treffpunkte. Wenn ich durch die Straßen laufe, komme ich mit den Menschen, denen ich begegne, gerne ins Gespräch. Die eine erzählt mir, dass sie für ihr Kind einen Krippenplatz sucht, der andere, dass er gerade dabei ist, sich eine Existenz als Fotograf aufzubauen. Mir macht es Freude, immer wieder Kontakte herzustellen und Menschen miteinander zu vernetzen. So frage ich eine Bekannte nach freien Plätzen im Hort, um der jungen Frau, die für ihre einjährige Tochter eine gute Betreuung sucht, eine Hilfestellung zu geben. Und den Fotografen engagiere ich für die Aufnahmen, die ich für ein bestimmtes Projekt brauche. So kommen wir zusammen, das Netz wird dichter, die Gemeinschaft trägt. Das Glockenbachviertel ist für alle, die hier leben, ein Stück Heimat in der Millionenmetropole München.

Seit einiger Zeit beschäftigen wir uns im Bezirksausschuss mit vielen Themen, die die Corona-Pandemie mit sich gebracht hat. Zum Viertel gehört die Theresienwiese – und da ist natürlich wegen der Beschränkungen, die erlassen wurden, um das Virus in die Schranken zu weisen, kaum noch etwas los. Nahezu alle Feste und Feiern mussten abgesagt werden. Künstler und Schausteller, Theaterleute, Sänger und Musiker, Gastronomen – sie alle sitzen mehr oder weniger auf dem Trockenen.

Im Bezirksausschuss haben wir uns die Frage gestellt, wie wir als politische Parteien und als Einzelne helfen können. Ein junger Mann hat die »Notnagel-Idee« vorgeschlagen: Bretter, auf die die Betroffenen schreiben können, was sie gerade brauchen, und die dann ausgehängt werden. Andere, die ihnen helfen wollen, können sich dann bei ihnen melden. Solche Bretter sollen an vielen Orten aufgehängt werden, vor Kneipen, Geschäften und auch vor Sankt Max. Eben überall dort, wo Menschen zusammenkommen.

Künstlerinnen und Künstlern, Musikern – egal ob sie die bayerische Volksmusik, Jazz oder klassische Stücke spielen – haben wir die Kirche immer wieder kostenlos als Veranstaltungsort zur Verfügung gestellt. Denn wir alle brauchen Kunst und Musik, gerade dann, wenn es schwierig ist.

Vergangenes Jahr habe ich in der Weihnachtszeit ein besonderes Projekt ins Leben gerufen: *Advent CULTure*. Ab Ende

November bis zum 6. Januar – der Tag, an dem wir uns an die Heiligen Drei Könige erinnern – haben an gut 30 Tagen Musiker in Sankt Max gespielt.

Den Chorraum haben wir mit jeder Menge Tannenbäumen in einen kleinen Wald verwandelt und dem Ganzen so einen schönen Rahmen gegeben. Eine fantastische Lichtinstallation hat alles in traumhafte Farben getaucht. Solisten an Harfe und Flügel, Akkordeonspieler, Geiger und Trompeter, Sängerinnen und Sänger haben wunderbare Musik gemacht. Die Bandbreite reichte vom klassischen Streichquartett über Jazz und Pop bis hin zu einem Auftritt des Liedermachers Konstantin Wecker. Die Künstler haben mit ihrer Musik die Gottesdienste in Sankt Max begleitet und damit sehr vielen Menschen eine große Freude gemacht. Und wir haben als Gemeinde dafür gesorgt, dass reichlich Spenden zusammengekommen sind, um den Musikern eine gute Gage für ihre Auftritte zu bezahlen. Ein Musikhaus hat der Pfarrei für die Aktionen extra einen Flügel ausgeliehen. Nach jeder Messe haben wir das Instrument dann wieder sorgsam in Decken eingeschlagen. Am 24. Dezember gab es statt der sonst üblichen drei Gottesdienste durchgehend von 12 bis 24 Uhr jede Stunde eine Veranstaltung, damit trotz der Corona-bedingten Einschränkungen möglichst viele Menschen mit gebührendem Abstand Weihnachten in der Kirche feiern konnten.

Wir haben bewusst nichts ausfallen, sondern uns etwas einfallen lassen.

14 / AN ALLEN ANDEREN TAGEN

Jetzt wissen wir es endlich, und das von oberster Stelle in Rom: Gut gekochtes Essen und liebevoller Geschlechtsverkehr haben eines gemeinsam – der Genuss sei »göttlich«. Das sagt jedenfalls Papst Franziskus. Nicht schlecht, oder? Dabei hatte die Kirche das Thema »Sexualität« in der Vergangenheit oft verdammt.

Dass gutes Essen und Sexualität Spaß machen, ist mir nicht neu. Da gebe ich dem Papst hundertprozentig recht. Leben besteht für mich aus Lust und Leidenschaft, Geschmack und Geruch, Farben und Formen, Genuss und Glauben. Und ich bin wahnsinnig gerne unterwegs, bevorzugt im Süden, wo es warm ist. Dort gibt es die leckersten Speisen. Nach China, Costa Rica, Indien, Korea, Südafrika, Thailand und in viele andere Länder bin ich gereist. Ich finde es großartig, mich mit anderen Lebensgewohnheiten auseinanderzusetzen. Für manche vielleicht völlig skurril: Einer meiner ersten Gänge in einem fremden Land führt mich oft in einen Supermarkt. Weil ich alles sehen will, was es da so gibt (jetzt lacht mich bloß nicht aus!).

Reisen ist für mich eine Kraftquelle. Ich bin neugierig, wenn ich Menschen begegne, die in anderen Kulturen leben. Ich liebe es, neben den üblichen touristischen Zielen gerade auch die unscheinbaren Orte zu besuchen, hinter die touristischen Kulissen eines Landes zu schauen. Die Farben, die Gerüche, ein unbekannter Geschmack – das alles fasziniert mich. Aber es tut mir auch gut, nach drei oder vier Wochen von einer Reise wieder nach Hause zu kommen. Mein Viertel, meine Familie, mein großer Freundeskreis, meine Kirche – das ist Heimat. Das gibt mir Kraft!

In meiner Bäckerei arbeitet ein muslimisches Ehepaar. Gerne bin ich mit den beiden im Gespräch. Mich interessiert es, wie Mina Kuchen backt. Manchmal bringt sie von zu Hause Gebäck oder auch anderes Essen mit, letztens etwa ein mariniertes Hühnchen. »Schau mal, was ich für dich gemacht habe«, sagt sie dann und freut sich, wenn ich staunend probiere, was sie vorbereitet hat. Von anderen zu lernen, zu kosten, wie es schmeckt und wie das Leben sich bei ihnen anfühlt, ist einfach schön und bereichernd.

Für mich geht's immer um Fülle: Fülle an Leben. Charlie Brown, der Comicheld meiner Kindheit, sagt in einer Szene, in der er mit seinem Hund und Kumpel Snoopy auf einem Steg am See sitzt und den Sonnenuntergang betrachtet: »Eines Tages werden wir alle sterben.« Und Snoopy antwortet: »Aber an allen anderen Tagen nicht.« All die anderen Tage, die sind jetzt! Und die gilt es auszukosten.

*

Ich erinnere mich noch gut an meine erste Reise nach Kapstadt vor etwa 20 Jahren. Als wir vom Flughafen in die Stadt fuhren, lagen auf der einen Seite der Schnellstraße riesige, superschicke Shoppingmalls – und auf der anderen Seite, genau gegenüber, die heruntergekommenen Townships, in denen 1,8 Millionen Menschen unter schwierigsten Bedingungen lebten. Schwarze wurden in Südafrika damals immer noch als Menschen zweiter Klasse behandelt, obwohl Nelson Mandela ein Jahr zuvor als erster dunkelhäutiger Präsident des Landes gewählt worden war. Wegen seiner Überzeugungen saß er 27 Jahre in Haft. Unfassbar – ebenso wie der Entschluss und die Zuversicht dieses Mannes, dennoch für Versöhnung einzutreten und einen Neuanfang zu wagen. Aber noch wehte der Geist der Apartheid durchs Land. Jahrzehntelang hat es strikte Rassentrennung gegeben, dunkelhäutige Menschen wurden systematisch unterdrückt. 4 Millionen Weiße missachteten die Würde von 41 Millionen Menschen mit anderer Hautfarbe. Die Folge waren heftige Unruhen.

Unser Weg führte meinen Freund und mich damals zu einer christlichen Gemeinde und ihrem Pfarrer Stefan Hippler, der sich dort in der Aids-Hilfe engagierte. Er war in Kapstadt einige Jahre als Pfarrer für die deutschsprachige Gemeinde verantwortlich und hat in dieser Zeit viel Ärger bekommen, weil er sich für die Nutzung von Kondomen ausgesprochen hat – entgegen der Position der katholischen Kirche. Aids war damals ein riesiges Thema in Südafrika.

Stefan fand Unterstützer und gründete HOPE, um den Menschen in den Townships, den Elendsvierteln der Stadt, zu helfen. Er wusste, wo er hingehört, und hat allen Widerständen getrotzt. Mich hat das damals sehr beeindruckt, und ich war gleich nach unserer ersten Begegnung wild entschlossen, ihm zu helfen. So habe ich damit begonnen, Spenden zu sammeln, um HOPE zu unterstützen.

Seit einigen Jahren sperren wir am Tag vor Heiligabend im Glockenbachviertel in München die Kirche auf. Dann läuft, sozusagen in Dauerschleife, das Lied »Africa« von Toto. Und das nicht (nur) vom Band, sondern zu jeder vollen Stunde auch von Chören und verschiedenen Musikern interpretiert, die sich an der Aktion beteiligen. Der Bud-Spencer-Kneipenchor tritt neben dem Kirchenchor auf, traditionelle Chöre wagen sich mit modernen Interpretationen auf die Bühne, und meistens trägt irgendjemand auch eine verjazzte Version des Songs bei. Das Publikum ist relativ jung, das Durchschnittsalter liegt vermutlich zwischen 25 und 30 Jahren. An diesen Abenden sammeln wir jede Menge Geld. Draußen vor der Tür gibt's Glühwein und etwas Leckeres zu essen. Firmen und Cateringunternehmen sponsern einen guten Teil der Speisen. Das Angebot kommt wahnsinnig gut an. Jedes Jahr haben wir mehr Zuspruch. 2020 musste der Afrika-Abend leider wegen Corona ausfallen, aber im Jahr zuvor konnten wir mehr als 12 000 Euro nach Südafrika überweisen.

HOPE hat mittlerweile feste Belegbetten in einer der größten Kliniken in Kapstadt und arbeitet bis heute in den Townships, wo sie Anlaufstellen für Betroffene aufgebaut haben. Die Organisation unterhält auch Schulen und sorgt so dafür, dass junge Menschen eine Ausbildung bekommen.

In Afrika habe ich viele düstere Momente der Hilflosigkeit erlebt. Einmal, als ich in Kapstadt auf dem Weg zur Anglikanischen Kirche war, lag plötzlich ein kleiner Junge vor mir auf der Straße. Ich habe mich zu ihm hinuntergebeugt und gemerkt, dass der Kleine völlig zugedröhnt war. Er hatte Klebstoff geschnüffelt oder irgendwelche Substanzen genommen. Da stand ich mit meinem frisch gestärkten Hemd, einer neuen Jeans und Sneakers, hatte gerade im Hotel gut gefrühstückt – mit frisch gepresstem Orangensaft und allem Drum und Dran – und war ratlos. Wäre es nicht der wahre Gottesdienst, alles andere sein zu lassen und sich um diesen Jungen zu kümmern? Und doch bin ich damals weitergegangen, weil ich mich irgendwie hilflos fühlte und nicht wusste, was ich tun soll. Ein Fehler, der mich nach wie vor schmerzt.

Erinnerungen: Auch mit Frida bin ich sehr viel gereist. Angefangen hat alles mit unserer verrückten Tour mit dem quietschgrünen Hyundai nach Rom. Oft waren wir später gemeinsam unterwegs und haben uns glänzend unterhalten. Und das natürlich nicht nur über das Wetter oder das Essen, die fremde Kultur und die Menschen, sondern auch über die großen Themen des Lebens: über die Liebe, Beziehungen, Höhenflüge und Bruchlandungen, Scheitern und Wiederauferstehen, Sinnfragen und den Glauben.

Wer in seinem Leben das Glück hat, eine solche Freundschaft zu erleben – dass es einen Menschen gibt, mit dem du wirklich schonungslos über alles reden kannst –, der ist reich.

Mit 62 Jahren ist Frida nach La Palma gezogen, wo sie sich ein kleines Haus gemietet hat, um ihren Ruhestand unter südlicher Sonne zu genießen. Doch es kam anders, und der Krebs machte ihr einen Strich durch die Rechnung. Zweimal im Jahr habe ich sie auf der Insel besucht und sie dann – als absehbar war, dass sie auf La Palma alleine nicht mehr zurechtkommt – mit einem Sonderflug nach München bringen lassen. Zunächst wurde sie dort in einer Klinik behandelt und kam dann »austherapiert« nach Starnberg in ein Seniorenheim. Die letzten Wochen verbrachte sie in einem Hospiz.

Der Tod meiner besten Freundin warf mich aus der Bahn. Bei ihrer Beerdigung hielt ich die Trauerrede und stolperte danach in ein großes emotionales Loch. Aber ich war zum Glück nicht allein und konnte mich bei Alexander anlehnen. Im September hatte ich den Mann meines Lebens kennengelernt – im Februar starb Frida.

Ich werde es Alexander nie vergessen, dass er mit mir die letzten Tage nachts an ihrem Bett Wache hielt. Am Ende sagte Frida zu ihm: »Pass mir gut auf den Stephan auf.«

Mit ihrer Tochter Birgit und deren Freund begleiteten Alexander und ich Frida auf ihrem letzten Weg. Ihr größter Wunsch war, dass ihre Asche im Meer vor La Palma verstreut wird.

Das war einer der traurigsten Momente in meinem Leben, und zugleich einer der intensivsten – weil die Bestattungszeremonie so berührend schön war.

Mit Frida befreundet gewesen zu sein, war ein großer Segen für mich. Sie hat mich verstanden.

Alexander ist in München, Waldperlach und Valencia aufgewachsen und später mit seinen Eltern nach London gezogen. Seine Mutter ist Kroatin, sein Vater ist Russe. In Australien hat er ein Jahr auf einem Weingut gejobbt. Er spricht fünf Sprachen fließend und teilt zu meiner Freude meine Reisebegeisterung. Das erste Mal sind wir uns vor sieben Jahren beim Feiern auf dem Oktoberfest begegnet. Gut fünf Jahre später haben wir unseren Lebensbund in der Wallfahrtskirche von Dietramszell segnen lassen.

Dass ich in ihm jemand gefunden habe, der meine Umtriebigkeit erträgt, meine Begeisterung teilt und mit mir im Viertel und in der Gemeinde viel unterwegs ist, ist ein großes Glück und ein Geschenk. Durch ihn, seine Mutter und seine Geschwister habe ich in München eine neue Familie geschenkt bekommen. Und so unterschiedlich wir auch oft denken und handeln – es passt einfach.

15 / SÄRGE STATT SCHNITZEL

Eines Morgens wache ich auf und sage: »So, jetzt ist Schluss.« Denn ich merke, dass mir all das, was ich gerade tue, viel zu viel wird. Das Aufgabengebiet ist zu groß, ich trage jede Menge Verantwortung und habe zu wenig Freiräume für meine Herzensanliegen. Frühmorgens in den Großmarkt, Gemüse und Fleisch kaufen, die Standorte abfahren, mit Mitarbeitern sprechen, zwischen den verschiedenen Gastrobetrieben herumsausen. Große Events gestalten, Kundenakquise, Krisenmanagement – diesen Stress habe ich mir jetzt jahrelang angetan. Mit allen Höhen und Tiefen, die man sich vorstellen kann. 20 Jahre lang habe ich in der Gastronomie Vollgas gegeben, habe 8 Läden eröffnet. Es gab und gibt immer jede Menge zu tun – und doch empfinde ich oft eine Leere in mir.

Klar: Ich werde gebraucht. Das ist schön. Aber immer öfter stellt sich mir die Frage: Brauche ich all den Stress noch? Ich habe mir zur Genüge bewiesen, dass ich sehr viel leisten kann. Immer lauter wird in mir die Frage: War's das schon im Leben – oder kommt noch was? So fasse ich den Entschluss: »Ich will jetzt frei für etwas Neues sein!« Nach einer mehrmonatigen Übergangszeit, in der ich meinen Rückzug regele, konzentriere ich mich nur noch auf das *Josef* als Eventlocation und die *Bäckerei Alof*. Alle anderen Läden gebe ich ab.

Im Laufe der Jahre hat sich eine interessante Nebentätigkeit ergeben, die mir viel Freude bereitet: Irgendwann wurde ich angefragt, ob ich nicht Lust hätte, bei einer Trauung eine Rede zu halten. Ich habe *Ja* gesagt – und werde seitdem häufig für solche Anlässe gebucht. Das Gute ist, dass ich das direkt mit meiner Tätigkeit als Wirt des *Josef* verbinden kann. Denn dort steigen anschließend die Hochzeitsfeiern.

Eigentlich war es mein Plan, nach der ganzen Rödelei in der Gastronomie eine wirkliche Auszeit zu nehmen und mit meinem Hund Luke den Jakobsweg nach Santiago de Compostela zu gehen. Es hätte mir sicherlich gutgetan, auf diese Weise den Reset-Knopf zu drücken. Aber dann hat mir die Corona-Pandemie einen Strich durch die Rechnung gemacht. Das war eine große Enttäuschung für mich. Der Traum, mich auf den Weg nach Santiago zu machen, bleibt.

*

Lydia Gastroph kenne ich schon seit über zehn Jahren. Sie ist gelernte Goldschmiedin, hat sechs Jahre lang an der Münchner Kunstakademie studiert und lässt seit einiger Zeit von Künstlerinnen und Künstlern Möbel entwerfen, die man später als Särge verwenden kann. Handwerker aus der Region, oder auch die Künstler selbst, setzen die Entwürfe in hoher Qualität um.

Das erste Mal begegnet sind Lydia und ich uns im *Café Selig* in der Hans-Sachs-Straße. Der Wirt machte uns miteinander bekannt. Schnell kamen wir ins Gespräch. Lydia und ihre damalige Geschäftspartnerin waren gerade dabei, im »Konsumtheater Selig«, direkt nebenan, eine Ausstellung vorzubereiten – die »Galerie der letzten Dinge«. Ich stellte den Kontakt zu Pfarrer Rainer Schießler her, der die Ausstellung dann wenige Wochen später eröffnete.

Früher war in den Räumen, die nun als »Konsumtheater Selig« firmieren, eine Wäscherei untergebracht. Ein roter und ein weißer Sarg stehen auf den Betonsockeln, auf denen einst die Reinigungsmaschinen montiert waren. In Vitrinen werden ästhetische Urnen präsentiert. An den Wänden hängen Bilder der Fotografin Eva Jünger, die die Vergänglichkeit in der Natur als Thema haben. Passanten bleiben stehen, werfen einen Blick ins Schaufenster und können gar nicht glauben, dass hier, mitten in der Stadt, auf einmal eine künstlerische Ausstellung mit Särgen und Urnen veranstaltet wird. Ruck, zuck wird Lydia mit ihrer Kollektion Gesprächsthema. Und am Ende der drei Monate, für die Lydia die Räume gemietet hat, gibt es ein Abschiedsfest. An einer schön gedeckten Tafel wird ein »Last Dinner« gefeiert. Oft schreibt das Leben die besten Geschichten …

Der Kontakt zwischen Lydia und mir bleibt bestehen. Ein Jahr später stellt sie Särge und Urnen auch in Sankt Maximilian aus. Immer wieder begegnen wir uns, in Sankt Max, am Isarufer oder auf einem Fest.

Vor zwei Jahren fassen wir beim Essen einen Entschluss: Gemeinsam wollen wir das angestaubte Bestattungswesen in Deutschland reformieren. Nicht mehr und nicht weniger.

Vom ersten Moment an sind wir uns einig, dass das ein lohnendes Projekt ist.

Ich beteilige mich an dem Bestattungsunternehmen, das Lydia seit einigen Jahren führt. Schon der Name »Weiss. Über den Tod hinaus« macht deutlich, dass es mit Blick auf die Bestattungskultur um eine andere Sichtweise geht.

Oft dominiert im Bestattungswesen die Farbe Schwarz. Aber Tod und Trauer nur mit Dunkelheit zu verbinden greift zu kurz. Menschen, die Nahtoderfahrungen gemacht haben, sagen, sie hätten ein helles, weißes Licht erblickt. Kandinsky bezeichnet in seiner Farbenlehre die Farbe Weiß als »großes Schweigen, das voller Möglichkeiten steckt«. In vielen Kulturkreisen, gerade in Asien, spielt »Weiß« im Zusammenhang mit Tod und Trauer eine wichtige Rolle. Deshalb hat Lydia den Begriff »Weiss« für ihre Unternehmung ausgesucht.

Vom ersten Beratungsgespräch über die Abholung der Verstorbenen zu Hause bis zum Abschied am Grab ist es Lydia und mir wichtig, die Menschen würdevoll und angemessen zu begleiten, sie nicht allein zu lassen. Wir verwirklichen gerne individuelle Ideen und Wünsche, legen Wert auf eine sinnstiftende, schöpferische Tätigkeit. Dabei arbeiten wir eng mit Handwerkern und Künstlern aus der Region zusammen.

Als Pfleger hat mich der permanente Umgang mit Sterben und Tod zeitweise richtig belastet – als Bestatter blühe ich auf. Auf meine Art habe ich schon damals bei der Arbeit mit Aidskranken viel Seelsorge betrieben, mich um jeden einzelnen gekümmert. Das Verheerende war für mich in dieser Zeit vor allem die Masse an Sterbenden, dazu Menschen in meinem Alter, aus meinem Umfeld. Monatelang habe ich damals Todkranke begleitet und gesehen, wie sie, ihre Freunde und Angehörigen gelitten haben. Dies alles derart intensiv mitzuerleben, war schlimm. Inzwischen weiß ich anders damit umzugehen, dass der Tod das letzte Wort hat. Ich bin erwachsener und reifer geworden, habe Lebenserfahrung gewonnen.

Für Lydia war die Krankheit einer guten Freundin der Auslöser, sich mit dem Thema Bestattungskultur zu beschäftigen. Sie hatte ihre Freundin, die mit 35 Jahren starb, über viele Monate und zuletzt auch im Hospiz begleitet. Bei der Trauerfeier war sie erschrocken, als sie den Sarg sah, denn der passte aus ihrer Sicht überhaupt nicht zu ihrer Freundin. Die pompöse Eichentruhe mit den unechten Messingbeschlägen, drapiert auf schwarzem, wallendem Samt, erschien ihr wie ein Relikt aus vergangenen Zeiten. Die Verstorbene war Goldschmiedin und

Designerin gewesen – und ihre letzte Ruhestätte hatte so gar nichts mit deren ästhetischen Vorstellungen und ihrem Leben zu tun. Wie schade ..., wie schrecklich, dachte Lydia. Und je mehr sie sich in der Folgezeit mit dem Thema Trauerkultur auseinandersetzte, desto mehr verfestigte sich in ihr der Eindruck, wie Trost-los vieles war – im wahrsten Sinne des Wortes. Das wollte und will sie ändern.

*

Das Thema Tod ist angstbesetzt, ein offener Umgang damit in unserer Gesellschaft noch absolut tabu. Dabei ist es so wichtig, denen, die darum wissen, dass sie bald sterben müssen, die Angst vor dem Tod zu nehmen. Denn nur das versetzt sie in die Lage, ihren Abschied aktiv zu gestalten. Ich rate jedem: »Regele rechtzeitig alles, was dich umtreibt. Sprich mit den Menschen, mit denen du noch etwas klären möchtest. Verabschiede dich von Menschen, die dir am Herzen liegen. Und sei gewiss, dass man in der Klinik, auf der Palliativstation oder im Hospiz alles dafür tun wird, damit du möglichst wenig leiden musst. Die moderne Palliativmedizin und der Einsatz von Schmerzmitteln sind ein Segen.«

Vielen hilft es, wenn ich mit ihnen über den Sinn des Lebens und all das Wertvolle und Schöne spreche, für das sie dankbar sein dürfen. Andere finden Trost und Halt im Glauben.

Als Christ glaube auch ich an die Auferstehung. Aber wie es genau werden wird, weiß ich nicht. Menschen, die ein Nahtoderlebnis hatten, berichten oft von unglaublicher Schönheit, Wärme und Liebe, die sie gesehen und gespürt haben. Zu glauben, dass wir ins Licht gehen, das Paradies erleben – das hilft, dem Tod seinen Schrecken zu nehmen.

Während meiner Tätigkeiten im Altenheim und in der Aids-Ambulanz habe ich Hunderte Sterbenskranke bis zu deren Tod begleitet. Bei zahlreichen Beerdigungen, die ich miterlebt habe, ist mir aufgefallen, dass es, wenn es um das Thema Bestattung geht, in Deutschland viel zu oft ein »So geht das nicht« oder ein »Das darf man auf dem Friedhof nicht, weil …« zu hören gibt. Behördliche Vorgaben regeln alles bis ins kleinste Detail, für individuelle Wünsche bleibt leider nur wenig Raum.

Die meisten Bestattungsunternehmen bieten den Angehörigen des Verstorbenen ein Komplettangebot: von der Traueranzeige bis zum Blumenschmuck am Grab. Es ist gut, dass sie den Trauernden mit Rat und Tat zur Seite stehen, denn der Tod eines geliebten Angehörigen wirbelt vieles durcheinander. Aber wenn ich sehe, was den Menschen dann häufig an die Hand gegeben wird, kommt mir das Grausen: vorgefertigte Trauerkarten mit Standardtext, Einheitssärge und Urnen aus dem Katalog, Musik vom Band. Aber entspricht das dem Menschen, der verstorben ist, mit all seinen besonderen Eigenschaften und Vorlieben? Für mich steht fest: Am Ende des Lebens sollte keinem ein Standard verpasst werden. Stattdessen geht es um ein Begräbnis, das dem Leben gerecht wird, das die oder der Verstorbene gelebt hat.

Viele Menschen wollen etwa gerne dort beerdigt werden, wo sie gelebt, geliebt und gelacht haben, statt irgendwo außerhalb des Viertels auf einem abgelegenen Friedhof. Der deutsche »Friedhofszwang« sagt dazu »Nein«. Aber warum eigentlich?

Einige Menschen suchen Lydia und mich schon zu Lebzeiten auf, um über ihre Wünsche für den bevorstehenden Abschied zu sprechen. Wenn jemand selbst etwas dazu sagt, wie er oder sie sich die eigene Trauerfeier vorstellt, finde ich das optimal. Denn viele haben natürlich ganz andere Vorstellungen als ihre Angehörigen.

Dass Menschen ihre Wünsche für die eigene Beerdigung frühzeitig schriftlich festhalten oder mit anderen teilen, ist leider relativ selten. Manche werden vom Tod überrascht, andere wollen sich trotz schwerer Erkrankung nicht damit beschäftigen und schieben den Gedanken an das Ende von sich. Wenn es dann doch eingetreten ist, stehen die Angehörigen oft ratlos da, weil nie über das Thema Beerdigung gesprochen wurde. In einem solchen Fall ist es wichtig, die nahen Verwandten gefühlvoll in die Begräbnisplanung einzubeziehen. Was hätte sie oder er gewollt – die langjährige Ehefrau, der Lebenspartner, die Tochter, der Sohn, der Vater oder die Schwiegermutter?

Die Angehörigen auf dem Weg gut zu begleiten, alles mit der gebotenen Achtsamkeit zu besprechen und vorzubereiten – das machen Lydia und ich unheimlich gerne. Und es ist uns ein Anliegen, dass all das, was wir tun, einen ästhetischen Anspruch erfüllt.

Was mir an Lydia besonders gefällt, ist ihre entschlossene Art, die Dinge anzugehen. Sie mag keine halben Sachen. Darin sind wir uns einig. Und Lydia ist unheimlich kreativ. So lässt sie etwa von Künstlerinnen und Künstlern Urnen entwickeln, die wie Vasen aussehen und schon zu Lebzeiten im Wohnzimmer auf dem Sideboard oder dem Regal stehen. Oder farbige Särge, die, mit Fachböden ausgestattet, einige Zeit in der Wohnung als Schrank dienen. Auf diese Weise begreifen Menschen, dass der Tod zum Leben dazugehört. Und das ist gut so. Denn wenn wir uns bewusst werden, dass unser Leben eines Tages ein Ende finden wird, beeinflusst das unsere Einstellung zu vielen Dingen nachhaltig zum Positiven. Der Umgang mit der verbleibenden Lebenszeit, der Wert von Beziehungen – all das kommt neu in den Blick. Davon sind Lydia und ich überzeugt!

In den Gesprächen mit den Angehörigen loten wir Wünsche aus und überlegen dann, wie ein guter Weg aussehen könnte.

Was angemessen ist, was passt und was nicht. Ein Team von rund 30 Menschen – Keramikerinnen, Schreiner, Innenarchitektinnen, Goldschmiede, Steinmetze und Künstlerinnen –, mit denen wir eng zusammenarbeiten, macht sich im Anschluss daran, die Anforderungen umzusetzen. Lydia hält den Kontakt zu den Künstlerinnen und Künstlern, kümmert sich um Gestaltungsfragen. Ich bereite die Trauerfeiern vor, halte am Grab die Rede oder spreche Segensworte. Damit die Musik nicht aus der »Konserve« kommt, engagieren wir, wenn dies von den Angehörigen gewünscht wird, einen guten Sänger oder ein kleines Quartett.

Den Tod nicht verdrängen, sondern sichtbar zu machen – dazu gehört auch die Nutzung eines Leichenwagens in dem der Sarg nicht hinter Milchglasscheiben oder Samtvorhängen versteckt ist. Vor einiger Zeit habe ich einen alten Mercedes-Kombi aus den 80er-Jahren bei einem Händler entdeckt. Der Wagen hatte hinten richtig große Fenster; sofort habe ich gedacht: Der ist perfekt für uns. Denn so kann jeder sehen, was darin herumgefahren wird.

Dass es in Deutschland Überlegungen gibt, dass Leichenwagen nur noch nachts unterwegs sein sollen, dass es in München ein Altenheim gibt, wo man die Leichen erst nach 23 Uhr abholen darf, damit es kein Heimbewohner sieht – das ist für mich alles grundverkehrt.

Es ist so wichtig, den Gedanken an den Tod nicht zu verdrängen. Stattdessen müssen wir ihn mitten ins Leben holen. Deshalb nutzen wir für manche Trauerfeier auch schon mal die Räumlichkeiten von *Hoch 5* über den Dächern von München. Dort oben ist man dem Himmel nahe.

*

Ich will mich als Bestatter und Trauerredner vornehmlich um Leute kümmern, die aus der Kirche ausgetreten sind. Die Deutsche Bischofskonferenz äußert sich zu diesen Menschen folgendermaßen: »Es kann ihnen das kirchliche Begräbnis verweigert werden, wenn sie vor dem Tod kein Zeichen der Umkehr und der Reue gezeigt haben.« Man geht dabei davon aus, dass die Person, die der Gemeinschaft den Rücken gekehrt hat, auch nicht kirchlich begraben werden will, sondern dies höchstens der Wunsch der Angehörigen ist. Aber dem ist oft nicht so. Das weiß ich aus vielen Gesprächen. Denn Kirchenferne und Austritt bedeuten nicht, dass ein Mensch ungläubig ist.

Menschen fühlen sich Gott nahe – oder haben eine tiefe Sehnsucht danach, ihr Leben an etwas Größeres zu binden. Viele sind nur deshalb ausgetreten, weil sie sich von dem, wie sich Kirche heute präsentiert, abgestoßen fühlen. Oder weil die Form, in der Gottesdienste angeboten werden, nichts mit ihrer eigenen Spiritualität zu tun hat. In einem solchen Fall ist es mir ein Anliegen, trotzdem ein Begräbnis nach christlichem Ritus durchzuführen. Aber ich dränge es niemandem auf.

Auch in vielen evangelischen Landeskirchen gilt die Regel, dass Menschen, die aus der Kirche ausgetreten sind, nicht kirchlich bestattet werden. Aber es ist evangelischen Pfarrerinnen und Pfarrern grundsätzlich erlaubt, aus seelsorgerischen Gründen Ausnahmen zu machen.

Vor einer Weile habe ich eine 50-jährige Frau beerdigt, die schon lange nicht mehr mit der Kirche in Verbindung stand. Sie war im Viertel bekannt und beliebt. Damit sich ihre Familie und ihre vielen Freundinnen und Freunde, Kolleginnen und Bekannte in aller Ruhe von ihr verabschieden konnten, haben wir unsere Kirche für die Trauerfeier zur Verfügung gestellt. Ihr 17-jähriger Sohn war im Jahr zuvor zur Firmung gekommen.

Ihm war es ein Anliegen, dass seine Mutter in Sankt Maximilian aufgebahrt wird.

*

Wenn jemand zu Hause stirbt, muss als Erstes ein Arzt verständigt werden, der den Tod feststellt und den Totenschein ausstellt. Viele Menschen glauben, dass der Leichnam anschließend sofort von einem Bestatter aus dem Haus geschafft werden muss. Das stimmt aber nicht. Ist jemand in der Wohnung gestorben, kann er noch für eine gewisse Zeit dort bleiben. Entweder im Bett, oder man bahrt ihn im Wohnzimmer auf. Dass die Angehörigen, Ehepartner, Freundinnen oder wer auch immer sich in Ruhe von einer verstorbenen Person verabschieden können – egal wie lange dies dauert –, sollte wieder selbstverständlich werden. Denn die Tradition einer dreitägigen Totenwache, wie sie früher üblich war, hatte ihren Grund. Jeder konnte ein letztes Mal zu dem Verstorbenen gehen und ihn anschauen, oder sie berühren, ihr noch einmal nahe sein. Die Tote noch eine Zeit lang bei sich in der Wohnung zu betrauern, ihr ins Gesicht schauen und persönlich Abschied zu nehmen. Das ist wichtig und gut. Leider gibt es diese Tradition schon lange nicht mehr. Es hat sich eine gewisse »Entsorgungsmentalität« eingeschlichen.

Vielen ist der Umgang mit dem Tod fremd, die Situation überfordert die Menschen, manche haben Angst, etwas falsch zu machen, und wollen diesen Gefühlen so schnell es geht wieder entkommen. Aber wer sich darauf einlässt, eine verstorbene Person nicht direkt »abholen« zu lassen, sondern zu Hause für einen oder zwei Tage aufzubahren und sich so der Trauer bewusst zu stellen – der hat den ersten Schritt eines gelingenden

Abschieds schon erfolgreich bewältigt. Genau deshalb schlage ich das den Angehörigen auch immer vor. Die dafür notwendige Waschung, Versorgung und Einbettung machen Lydia und ich auf Wunsch auch gemeinsam mit den Angehörigen. Das ist eine wertvolle Chance, den Tod mit eigenen Händen zu *begreifen*. Wir richten uns bei der Dauer der Aufbahrungen nach der Zeit, die die Angehörigen brauchen, und nicht nach irgendwelchen Vorgaben.

Und wie viel würdevoller kann ein Tod zu Hause gestaltet werden als im Krankenhaus! Wenn ein Mensch im Krankenhaus stirbt, kommt das Personal, legt eine Decke über die Leiche und fährt sie raus in die Kühlung. Als Bestatter hole ich die Toten dann meistens am Hinterausgang ab, zwischen Gitterwagen voller schmutziger Wäsche und all dem anderen, was in einer solchen Einrichtung täglich hin und her transportiert wird. Dann denke ich jedes Mal: Wie schön wäre es, wenn trotz aller Geschäftigkeit Raum dafür wäre, auch an dieser Stelle mehr Würde walten zu lassen.

*

Mitten in der Nacht ruft mich eine Frau aus unserer Pfarrei an. Ihr Mann liegt im Sterben, die Ärzte können ihm nicht mehr helfen. Ich schäle mich direkt aus dem Bett, schwinge mich auf mein Fahrrad und komme gerade noch rechtzeitig, um die letzten Minuten bei dem Sterbenden sein zu können. Ein paar Tage vor seinem Tod hat er mir bei einem Gespräch am Krankenbett noch zugeflüstert: »Stephan, ich will dir noch etwas sagen. Meine Tochter ist nicht meine Tochter. Ich habe meine Frau während des Krieges kennengelernt und wusste gleich: Diese Frau will ich heiraten. Sie war damals schwanger von einem Franzosen, der einfach abgehauen ist, als er erfuhr, dass seine Geliebte ein Baby erwartet. Aber das hat mich nicht gestört. Ich habe das Kind immer geliebt, als wäre es mein eigenes.«

Es war dem Mann sehr wichtig, mir das noch zu erzählen. Ich kann gar nicht genau sagen, warum eigentlich, schließlich hatte er sich nichts vorzuwerfen. Aber so ist das häufig am Sterbebett: Um loslassen zu können, wollen Menschen über Sorgen und Nöte sprechen. Oder über Geheimnisse, die sie ihr ganzes Leben lang streng gehütet haben.

In einer solchen Situation geht es nicht darum, möglichst viele Themen zu lösen und Vergangenes aufzuarbeiten. Sondern es ist vor allem wichtig, dem Sterbenden Trost zukommen zu lassen und Vergebung zuzusprechen. Einfach für ihn da sein und ihm so vermitteln: »Alles ist gut, du kannst gehen.«

Ich habe schon viele Menschen sterben sehen. Das verändert einen Menschen. Irgendwann habe ich für mich beschlossen: Ich selbst schiebe nichts mehr auf. Was ich machen möchte, setze ich baldmöglichst um. So habe ich es bisher in meinem Leben gehalten, und so will ich es auch weiterhin tun. Wenn man mir morgen sagen würde, dass ich todkrank wäre und nur noch einen Tag zu leben hätte, hätte ich damit meinen Frieden. Denn ich habe bis jetzt ein wirklich schönes und aufregendes Leben geführt. Ich habe es mir gut gehen lassen und nichts verpasst!

Wenn ich nur noch einen Tag zu leben hätte, dann würde ich in Sankt Maximilian einen Bachchoral auf der Orgel hören wollen. Ich würde den Tag mit Menschen verbringen, die mir wichtig sind. Und ich würde mir sicherlich noch eine gute Flasche Rotwein genehmigen – ich bin halt ein Genussmensch.

»Tod, wo ist dein Stachel?«, steht in der Bibel. Ich habe keine Angst vor dem Tod, höchstens vorm Sterben. Und ich lasse mir vom Tod nicht das Leben verderben, auch jetzt nicht, wo ich vermutlich im letzten Lebensdrittel angekommen bin.

Mit dem Gedanken an den Tod zu leben und ihm ins Gesicht zu schauen, ist bedeutsam. Im Bewusstsein, wie limitiert die Lebenszeit eines Menschen ist und dass man eh nichts mitnehmen kann, sieht man die Dinge anders. Möglichst viel ausprobieren, das Dasein ausschöpfen und es in den verschiedensten Facetten zu erfahren, dieser Wunsch treibt mich an. Ich will das Leben genießen, und das in vollen Zügen.

Vielleicht bin ich so abgeklärt, weil die Auseinandersetzung mit Tod und Sterben so viele Jahre zu meinem Alltag gehört hat – und es jetzt wieder tut. Wenn Bekannte mich fragen, wie ich all das Leid aushalte, ob mich das nicht mitnimmt und meine Gesundheit leidet, dann antworte ich mit einem klaren »Nein«. Im Gegenteil: Mich mit dem Sterben und dem Ende zu beschäftigen, hat mich zu dem Menschen gemacht, der ich heute bin. Sterbenden und Trauernden zur Seite zu stehen, ist eine erfüllende Aufgabe.

Wenn ich bald sterben sollte, soll der Rainer mich beerdigen. Ein Umschlag mit der Aufschrift »Die letzten Dinge« ist vorbereitet. In einem Brief habe ich festgehalten, was ich mir für meinen letzten Weg wünsche. Der Umschlag steckt hinter einer geschnitzten Figur, die ich in meiner Wohnung in einer gläsernen Vitrine aufbewahre. Dreimal dürft ihr raten, welche Figur das ist. Sie ist weiblich, ihr Name beginnt mit »M« und hört mit »aria« auf.

Mir ist ganz wichtig, dass die Trauerfeier für mich in Sankt Maximilian stattfindet, im Kreis meiner Freundinnen und Freunde und der Gemeinde. Als liturgische Farbe wünsche ich mir kein Schwarz und kein Violett, sondern Weiß, weil ich mein Leben von Ostern her denke.

EPILOG

Als ich 22 Jahre alt bin, betreue ich eine 100-jährige Dame im Heilig-Geist-Spital in München. Rose Hofmann ist eine total nette Frau, mit der ich auch öfter mal einen Kaffee trinke.

Sie hat Stil und weiß, was sie will. Drei Stunden vor ihrem Tod sagt sie, als ich ihr das Frühstück bringe, laut und deutlich zu mir: »Heute sterbe ich.«

»Frau Hofmann, was sagen Sie da? Geht es Ihnen nicht gut?«

»Doch, doch, aber ich hab so'n Gefühl, dass es heute mit mir zu Ende geht.«

Nach einer Stunde komme ich wieder ins Zimmer, um nach ihr zu schauen. Da sagt Frau Hofmann leise: »Ich hab mich jetzt schon mal hingelegt, es ist bald so weit.«

Ich weiß nicht recht, was ich tun soll, und frage die Stations-schwester um Rat, ob wir etwas unternehmen und den Arzt rufen müssen. Aber Frau Hofmann hat einen ganz ruhigen Puls und scheint auch keine Schmerzen zu haben. In ihrem Gesicht ist ein großer Friede zu erkennen. Also lasse ich sie erst einmal wieder eine Weile allein und schaue eine Stunde später noch einmal nach ihr.

Da lächelt Frau Hofmann und sagt: »Jetzt isses gleich so weit. Stephan, bleib mal hier, ich will dir noch etwas sagen – ich sehe den Himmel offen. Es ist so schön warm und hell.«

Und dann ist sie weg. Einfach gegangen. So stelle ich mir den Himmel vor: ein Gefühl tiefster Geborgenheit.

An Engel, die einen nach oben begleiten, glaube ich nicht. Aber vielleicht kommt mir jemand entgegen oder eine Türe öffnet sich. Irgendetwas Schönes wird passieren, wenn das Leben zu Ende geht, das fühle ich. Eine große Zufriedenheit, pures Glück. So wird es werden, da bin ich mir nahezu sicher. Und selbst, wenn es keine leibliche Auferstehung nach dem Tod gibt, hat es sich für mich gelohnt, daran zu glauben.

Wenn mir heute Jesus entgegenträte, würde ich ihn fragen: »Sag's mir, wie ist es im Himmel?« Ich bin ja so neugierig, ich würd's so gerne wissen.

Das hab ich von meiner Mama. Ich bin neugierig aufs Leben, den Tod und das, was danach kommt.

Vielleicht sind solche Erlebnisse, wie ich sie mit Frau Hofmann hatte, auch nur das Ergebnis irgendwelcher Vorgänge im Gehirn. Dass Synapsen zum Zeitpunkt des Todes zusammenknallen und Glückshormone produzieren. Egal. Ich sehe Rose Hofmann vor mir, wie sie selig lächelt. Dieses Bild habe ich vor Augen. Und ich weiß: Was auch kommt, wenn du irgendwann abtreten musst, Stephan – es wird gut!

*

Im vergangenen Sommer war ich mit meiner Mama Maria noch einmal in Südtirol. Der Tod hatte kurz zuvor bei ihr angeklopft, mit Herzproblemen war sie ins Krankenhaus gekommen. Der Notarzt, der sie in die Klinik bringen ließ, weil es ihr so extrem schlecht ging, sagte später: »Wie sie es in ihrem Zustand geschafft hat, noch selbst bei uns anzurufen und Hilfe zu holen, ist mir ein Rätsel.« Aber sie hat's geschafft. Meine Mama ist eine zähe Frau. Sie sagt: »Ich will noch möglichst viele Jahre leben und jeden Moment auskosten.«

Nach wie vor lebt sie allein zu Hause in Herdorf, kümmert sich um den Garten und alles, was sonst so anliegt – und das mit 84 Jahren. Aber natürlich ist sie bei dem, was sie tut, sehr schnell erschöpft. Trotz vieler Einschränkungen hat meine Mama Freude am Leben und unglaublich viel Humor. Manchmal ist sie richtig frech. Das gefällt mir.

Als sie aus dem Krankenhaus entlassen wurde, haben meine Geschwister und ich mit der Hausärztin gesprochen. Es war nicht klar, wie es weitergeht, und wir wollten noch wahnsinnig gerne etwas Schönes mit unserer Mama unternehmen. Die Ärztin riet uns:»Wenn, dann machen sie es bald, denn mit der Herzinsuffizienz, die Ihre Mutter hat, kann das Leben von jetzt auf gleich zu Ende gehen. Es kann passieren, dass Ihre Mutter eines Tages einfach umfällt oder morgens tot im Bett liegt.«

Wir haben nicht lange gewartet. Weil wir wussten, wie gerne Mama noch einmal reisen wollte, sind wir gemeinsam mit ihr nach Südtirol gefahren.

Meine Schwester ist mit ihr nach München gekommen, damit sie sich erst einmal ein bisschen akklimatisieren konnte. Ich habe sie einige Tage in einer Pension bei mir in der Nähe einquartiert, und dann sind wir zusammen losgefahren. Mit von der Partie waren meine Schwester Claudia, mein Mann Alex und dessen Bruder Matthias, meine Schwiegermutter Gordana und mein Patensohn Carlo. Bis nach Tramin am Kalterer See waren wir gut fünf Stunden unterwegs und haben anschließend in Südtirol wunderschöne Tage verbracht.

Meine Mama darf eigentlich nicht mehr schwimmen gehen. Viel zu gefährlich mit ihrem schwachen Herz. Doch plötzlich stand sie im Badeanzug am Hotelpool und verkündete entschlossen:»Ich steige jetzt ins Wasser.« Meine Schwester erhob direkt Einspruch:»Mama, das kannst du nicht machen, du weißt genau, was die Ärztin gesagt hat.«

Aber dann ist unsere Mama trotzdem ins Wasser gegangen. Fuß vor Fuß ist sie die weißen Stufen in den Pool hinuntergestiegen und hat sich ins türkisgrüne Wasser gleiten lassen.

Der Widerspruch ist an ihr abgeperlt, sie hat sich von nichts aufhalten lassen. Und es hat mir sooo viel Spaß gemacht, ihr dabei zuzuschauen, wie sie das alles genossen hat.

So ist sie, die Maria Alof. Und jetzt wisst ihr, warum ich so bin, wie ich bin.

Foto: © Alexander Appelhans

DANKSAGUNG

In meinem Leben hatte ich das Glück, immer wieder besondere Menschen zu treffen und um mich herum zu wissen – schützend, inspirierend, fordernd und fördernd. Dafür sage ich allen, die mit mir unterwegs waren und sind, Danke! Es sind so viele, dass ihre Namen leider nicht an dieser Stelle Platz finden können … Ein paar möchte ich dennoch herausheben:

Alex, Du bist und bleibst das Beste, was mir im Leben passieren konnte, egal was kommt! Ich liebe Dich! Danke auch für Deine Unterstützung bei der Entstehung dieses Buches!

Meinen Eltern Maria und Rudolf sowie meinen Geschwistern Claudia und Andreas bin ich unendlich dankbar für all das, was sie mir an Selbstvertrauen und Lebensweisheit mit auf den Weg gegeben haben. Ich danke meiner ganzen großen Familie, dass ihr den »kleinen Ali« bis heute ausgehalten habt und mir Heimat geblieben seid! Dass es immer noch schön ist, wieder einmal nach Hause zu kommen.

Mein besonderer Dank gilt meiner Oma Agathe – weil sie mir mit ihrer Güte und Frömmigkeit den Weg zum Glauben gewiesen hat. Immer hatte sie ein offenes Ohr, ein gutes Wort und vor allem Zeit für mich.

Ich danke Gott für meine schöne Kindheit in den Wäldern rund um meinen Geburtsort, die unendliche Kraft, die mir aus dem Erleben der Natur geschenkt wurde. Geborgenheit und Verbundenheit.

Frieda, Du warst mir eine sehr gute Freundin und die ehrlichste Haut, der ich begegnet bin. Immer genau das, was ich gerade gebraucht habe. Ich trauere bis heute um Dich – Du fehlst mir so sehr …

Dr. Heye von der Kinderklinik in Siegen danke ich für das Mut machende Gespräch, das mir vor über vier Jahrzehnten die Augen geöffnet und mich bestärkt hat, meinen eigenen Weg zu gehen.

Danke, Ulli Baumann. Du warst und bist für mich die beste Grundschullehrerin, die ich mir vorstellen konnte. Ulli, schön dass es dich gibt!

Danke Kiki, Michael, Anita und Stefan. Ihr steht mir außer meiner Familie am nächsten. Als Freunde, Ratgeber und schärfste Kritiker seid ihr stets für mich da. Ich liebe Euch!

Pfarrer Rainer Maria Schießler – danke! Herr Pfarrer, es ist ein großes Glück, mit Dir und unserem wunderbaren Mitarbeiterteam in Sankt Max jede Menge auf die Beine stellen zu dürfen. Danke allen Mitstreitern in unserer Gemeinde, den vielen Eltern und Jugendlichen, mit denen wir seit 26 Jahren all die wunderbaren Aktionen und Gottesdienste gestalten, die Sankt Max zu einem wichtigen Sammlungspunkt in unserem Stadtviertel gemacht haben.

Ich danke meiner Gemeinde Sankt Maximilian dafür, dass sie mich mit Offenheit, Toleranz und christlicher Menschenliebe auch durch dunkle Tage getragen hat. Danke Euch allen, dass wir zusammen beten, feiern, singen, lachen und weinen können! Besonders danke ich unserem Kirchenchor, der unserer Gemeinschaft einen besonders schönen Klang gibt!

Fabian Stingl – gemeinsam haben wir in den vergangenen zehn Jahren unwahrscheinlich viel aufgebaut und durchlebt. Danke für Deinen Einsatz und das tolle Zusammenspiel! Das Gleiche gilt für die Mitarbeiter in der Gastro und alle Mitstreiterinnen und Mitstreiter im Stadtviertel, die ich an dieser Stelle nicht alle aufzählen kann: Danke für Eure gute Begleitung über all die Jahre!

Lydia Gastroph, meiner Geschäftspartnerin bei *Weiss. Über den Tod hinaus* und Freundin, danke ich für das inspirierende Miteinander bei der Trauerbegleitung und alle ihre Anregungen, die geholfen haben, das letzte Kapitel dieses Buches »rund« zu bekommen.

Danke, Nihad, Du bist immer da, wenn Du gebraucht wirst, und hast mir schon so manches Mal aus der Patsche geholfen.

Stefan Wiesner – Du hast mich verstanden und mit Deinem Verlagsteam dieses Buch zu dem gemacht, was es ist. Danke! Stefan Linde, der schon vor Jahren die Idee an mich herangetragen hat, dieses Buch zu schreiben, danke ich für seinen beharrlichen Einsatz – und dass er mich mit dem bene! Verlag verbunden hat.

Schließen möchte ich meine Danksagung mit einer Liebeserklärung an dieses wunderbare, einzigartige Glockenbachviertel: A bisserl hip; bunt und verrückt, mit all seinen so unterschiedlichen und vielfältigen Menschen und Lebensentwürfen einfach stark, lebens- und liebenswert. Mein Stadtviertel, das mir in einem Vierteljahrhundert zu dem geworden ist, was jeder Mensch sucht und braucht: Heimat!

Quellenhinweise

1 https://www.youtube.com/watch?v=8IVFsuZLUcU
2 https://www.zeit.de/2020/48/missbrauch-katholische-kirche-konsequenzen-pfarrer-verantwortung
3 https://www.randomhouse.de/Buch/Freiheit/Reinhard-Marx/Koesel/e569141.rhd
4 https://www.vaticannews.va/de/kirche/news/2019-07/kardinal-marx-frauen-fuehrungspositionen-vatikan.html
5 Jetzt ist die Zeit, jetzt ist die Stunde. Text: Alois Albrecht © Dehm Verlag, Limburg
6 https://www.faz.net/aktuell/gesellschaft/kriminalitaet/bistum-speyer-staendiger-missbrauch-durch-priester-und-nonnen-17097728.html
7 https://westpfahl-spilker.de/wp-content/uploads/2020/11/Gutachten_Bistum_Aachen.pdf
8 (ebenda), Seite 334

Bibeltexte: Einheitsübersetzung der Heiligen Schrift, vollständig durchgesehene und überarbeitete Ausgabe © 2016 Katholische Bibelanstalt GmbH, Stuttgart

Foto: © Sergej Falk

Stephan Maria Alof, Jahrgang 1966, arbeitete als Pfleger in einem Altenheim und als Betreuer für AIDS-Kranke, bevor er ohne Vorkenntnisse im Münchner Glockenbachviertel mehrere coole Lokalitäten aufbaute mit Namen wie *Jessas, Maria* und *Josef.* Als ehrenamtlicher Kirchenpfleger und Gemeindevorstand ist er an der Seite des Pfarrers Rainer M. Schießler unterwegs. Darüber hinaus engagiert sich Alof als Mitinhaber eines Bestattungsunternehmens, um Sterbenden und Trauernden beizustehen.

Besuchen Sie uns im Internet:
www.bene-verlag.de

Aus Verantwortung für die Umwelt hat sich die Verlagsgruppe Droemer Knaur zu einer nachhaltigen Buchproduktion verpflichtet. Der bewusste Umgang mit unseren Ressourcen, der Schutz unseres Klimas und der Natur gehören zu unseren obersten Unternehmenszielen. Gemeinsam mit unseren Partnern und Lieferanten setzen wir uns für eine klimaneutrale Buchproduktion ein, die den Erwerb von Klimazertifikaten zur Kompensation des CO_2-Ausstoßes einschließt. Weitere Informationen finden Sie unter: www.klimaneutralerverlag.de

Der Verlag weist ausdrücklich darauf hin, dass im Text enthaltene externe Links vom Verlag nur bis zum Zeitpunkt der Buchveröffentlichung eingesehen werden konnten. Auf spätere Veränderungen hat der Verlag keinerlei Einfluss. Eine Haftung des Verlags ist daher ausgeschlossen.

Originalausgabe März 2021
© 2021 bene! Verlag
Ein Imprint der Verlagsgruppe
Droemer Knaur GmbH & Co. KG, München
Alle Rechte vorbehalten. Das Werk darf – auch teilweise – nur mit Genehmigung des Verlags wiedergegeben werden.

Beratung: Stefan Linde
Konzept und Textgestaltung: Stefan Wiesner
Lektorat: Nicolas Koch, Stefanie Ramsperger
Cover- und Innengestaltung: Maike Michel
Titel- und Autorenfoto: Sergej Falk
Druck und Bindung: CPI books GmbH, Leck
ISBN 978-3-96340-182-4

5 4 3 2 1